LA
CHARTE DE COURTHÉZON

PAR

L. DUHAMEL

ARCHIVISTE DU DÉPARTEMENT DE VAUCLUSE.

PARIS

H. CHAMPION, LIBRAIRE-ÉDITEUR,

15, QUAI MALAQUAIS, 15.

—

1880

LA CHARTE DE COURTHÉZON

L'histoire de l'organisation municipale des villes de Provence, au Moyen Age, est connue. Dès le XVIII⁕ siècle, les historiens de ce pays en appréciaient toute l'importance. « C'est une époque si célèbre pour les « droits de l'humanité, dit l'un d'eux, que tout le « monde la connaît; tous les historiens l'ont célé- « brée; d'ailleurs mille évènements arrivés à cette « occasion, l'ont rendue mémorable (1). » L'abbé Papon, qui s'exprimait ainsi sur le mouvement municipal, l'étudiait lui-même dans un savant « *Mémoire sur les municipes, les communes et les bourgeoisies en Provence.* »

Depuis cette époque, l'histoire du tiers-état a donné lieu, en France à des travaux considérables, l'antique Provence a participé à ce mouvement, de savants mémoires sont venus éclairer les points obscurs de la vie intérieure des Républiques d'Arles et d'Avignon, des communes de Marseille, de Nice, de Toulon, d'Apt, etc. Les Chartes des villes moins considérables ont été publiés et analysées;

(1) Papon. *Histoire générale de Provence*, Tome III, page 486.

les statuts des simples communes, parfois si intéressants, n'ont point été oubliés. De toute part, enfin, on a voulu savoir comment l'organisation ro-
maine, un instant bouleversée par les invasions
barbares, avait résisté à toutes les secousses et s'é-
tait perpétuée, dans les lois des envahisseurs eux-
mêmes, pour renaître forte et vigoureuse, dès les
premiers siècles du Moyen-Age.

Toutefois ces recherches n'ont pas été poursui-
vies partout avec la même ardeur et principalement
dans la partie de la Provence devenue plus tard le
Comtat-Venaissin et la principauté d'Orange. A
l'exception des nombreux travaux sur les statuts de
la République d'Avignon et sur les démêlés de
cette vieille cité avec ses seigneurs, ses évêques
et ses podestats, c'est à peine si les historiens
comtadins ou orangeois ont consacré quelques li-
gnes au grand fait qui domine l'histoire de cette
région aux XII⁰ et XIII⁰ siècles. Ouvrez Fantoni,
Fornery, Lapise, vous y trouverez à peine quelques indications vagues et souvent confuses sur
l'état intérieur des grandes villes, sur les luttes
des habitants avec leurs seigneurs, sur les podestats ou les consuls qui les gouvernèrent, sur les cons-
titutions qui les régirent. Est-ce ignorance, indif-
férence ou omission volontaire? Un peu tout cela.
Les historiens du Comtat-Venaissin se préoccupent
surtout du grand fait qui, durant le Moyen-Age,
attira les regards de l'Europe et du monde chrétien
sur cette contrée, du séjour des Papes à Avignon,
de l'état politique et religieux qui en fut la consé-

— 3 —

quence naturelle. Tout ce qui avait précédé comme
tout ce qui suivit n'a pour eux qu'une importance
secondaire. D'autre part, les Papes, les Légats, les
Vice-Légats, les Recteurs, qui facilitaient et encou-
rageaient les efforts des écrivains officiels, les au-
raient-ils vus d'un bon œil réveiller, chez leurs sujets, l'esprit d'indépendance et de liberté qui avait
causé tant d'embarras et de soucis à leurs prédé-
cesseurs ?

Il en est de même pour la principauté d'Orange.
Le principal historien de ce pays, Lapise, est, avant
tout un panégyriste. Il est surtout préoccupé de
chanter la gloire des puissantes familles qui possè-
dèrent la Principauté. Il en est l'historien gagé et
dévoué. Son livre est dédié au prince de Nassau
et il dit lui-même, quelque part: « Je suis satis-
« faict en moi-mesme d'avoir plus teu que je
« n'ai seu et de n'avoir dit que ce que je ne pou-
« vois pas taire (1). » Il connut certainement les

(1) Le troisième livre des *Décades* de Lapise, que possèdent les archives municipales d'Orange, contient sur la
façon dont son livre fut composé et surtout censuré, par
le prince régnant lui-même, les détails les plus intéressants. Il écrit, par exemple, le 9 janvier 1638 au prince
d'Orange auquel il avait soumis son manuscrit et qui lui
avait fait quelques observations : « Monseigneur, je n'a-
vance rien qui ne soit véritable, mais je me suis obligé de
dire plusieurs choses qui ne sont de l'histoire. Je soub-
mets le tout aux yeux de Votre Altesse, affin que si, outre
ce que j'y ay amendé, elle y trouve encore à adjouster
ou retrancher, pour une plus claire intelligence, il luy
plaise le faire marquer. »

événements qui marquèrent le mouvement communal à Orange, au XIIe et au XIIIe siècle, au temps des princes de Baux. Il parle même de ceux qui, en 1247, obligèrent ces princes à octroyer de nouvelles franchises aux habitants. Mais il n'y veut voir que la soumission de sujets révoltés et nullement des revendications légitimes. Quant aux chartes et aux statuts octroyés à la ville, à la fin du XIIIe siècle et qu'il ne pouvait ignorer, puisque, de son temps, elles se trouvaient dans les archives, il n'en parle pas. Elles sont de ces choses qu'il a sues mais qu'il a mieux aimé taire, de peur, sans doute, de réveiller l'esprit d'indépendance des Orangeois et surtout de porter atteinte à l'intégrité des droits de la maison de Nassau.

Si les franchises et les libertés de la ville d'Orange ne devaient pas être, selon lui, rappelés à la postérité, il en était de même de celles des diverses villes ou communautés de la principauté. Elles avaient été accordées vers les mêmes temps, sous les mêmes influences, pour les mêmes causes et par les mêmes princes. Il était inutile ou dangereux d'en réveiller le souvenir.

Les historiens modernes ayant trop souvent suivi les traces de leurs devanciers, quand ils ne se sont pas bornés à les copier servilement, toutes ces causes ont fait que l'organisation municipale des principales villes et des grandes communautés du Comtat et de la Principauté, n'a été qu'imparfaitement étudiée, malgré tout l'intérêt qui s'y attache. Nous avons résolu de combler, autant que possible, cette r egrettable lacune. Nous étudierons donc successivement les chartes ou les statuts dont les archives départementales et communales possèdent des originaux ou des copies authentiques. Nous examinerons dans quelles circonstances ces chartes furent octroyées, quelles furent leurs vicissitudes à travers les siècles, comment elles furent défendues par les uns, respectées par les autres. Nous comparerons ensuite, les uns aux autres, les divers documents de ce genre que nous aurons découverts, et de cette étude générale naîtra, pour nous, la connaissance exacte de la vie municipale dans cette région, pendant le Moyen-Age. Parmi les innombrables sujets d'étude que l'histoire du Comtat et de la Principauté d'Orange offrent à la curiosité des chercheurs, il en est peu, selon nous, de plus intéressants et de plus importants, car l'intérêt qui s'y attache est presque de notre temps et touche à l'histoire générale, et son importance dépasse, de nos jours, les limites d'une simple étude historique.

Nous commencerons par la principauté d'Orange, et nous étudierons, tout d'abord, la charte de l'une des villes les plus importantes de ce petit État, celle de Courthézon.

La petite ville de Courthézon, *Cortedune, Curtedune, Corthedo, Corthezon*, fut comprise, dès les premiers temps, dans les limites de la principauté ou plus exactement du *Comitatus Aurasicensis*. Elle fit partie du domaine direct des princes d'Orange jusqu'à la fin du XIIIe siècle. (1) A cette époque, Bertrand III de Baux, pour devenir seul possesseur de la principauté indivise entre lui et son parent, Bertrand II, donna à ce derniér, la seigneurie de Courthézon, à condition qu'il lui abandonnerai-ses droits sur la principauté, et lui rendrait hommage. Cet échange eut lieu vers 1289. En effet, nous savons que le 18 du Calendes de juin 1288, Bertrand de Baux, « le jeune, » fils de Raymond dit de Suze, prince d'Orange, et Bertrand de Baux, « le majeur, » son cousin, fils de Raymond de Baux, également prince d'Orange, concédèrent, en commun, certains privilèges aux nobles de Courthezon. D'autre part, le 6 de Nones de Mai 1289, Bertrand de Baux, prince d'Orange, concède à son parent, Bertrand de Baux, qualifié seigneur de Courthezon « Dominus Curthedonis, » la permisssion de dériver les eaux de l'Ouvèze, pour les conduire aux moulins du lieu (2).

Il paraît donc certain que ce fut à la fin de l'année 1288 ou au commencement de l'année 1289, que

---

(1) Elle fut brûlée en 1203 et en 1243. On lit en effet dans le *Livre des Choses notables du Chapitre*, fol. 13 :

« L'an 1203 et le 20 de juing, item., l'an 1243 et le 27 juing Courteyson fust brulé. »

En 1247, Courthézon appartenait encore aux princes d'Orange. On lit, en effet, dans un acte de vente du 17 des Calendes de septembre 1247 : « Quæ omnia proxime dicta sunt similiter in dominio domini Guillelmi de Baucio. »

(2) Voir pièces justificatives, I.

la seigneurie de Courthezon fut distraite du domaine direct des princes d'Orange, pour passer à l'une des branches de la puissante famille de Baux qui la posséda pendant plus d'un siècle, sous la suzeraineté de ces princes (1).

Durand cette longue période (1289-1393), pendant laquelle la ville de Courthezon et son territoire formèrent une seigneurie particulière, de grandes concessions furent faites aux habitants par leurs seigneurs. Cette ville fut aussi la cause d'évènements graves et qui eurent un grand retentissement dans la principauté, en Provence, dans le Comtat et jusqu'à la cour pontificale elle-même. Les plus grands personnages de l'époque, papes, cardinaux, évêques, comtes de Provence, princes d'Orange y furent mêlés. La lutte entreprise pour la possession de Courthezon, arma un moment, les milices de Provence, et elle ne fut éteinte que par la médiation active et toute-puissante du Souverain Pontife. Mais, bien que nous ayons réuni sur ces faits presque ignorés, et surtout sur les demêlés du prince d'Orange et de la dame de Courthezon, l'altière Catherine de Baux, de nombreux et intéressants documents que nous nous proposons de publier très-prochainement, nous nous bornerons aujourd'hui à étudier les privilèges dont jouissait cette ville.

(1) Cette date de 1289 est, du reste, celle que donne Lapise.

Dès 1288, nous l'avons vu, les nobles de Courthezon, obtiennent des franchises qui sont mentionnées à plusieurs reprises, dans les inventaires des archives de la principauté :

« Extrait vidimé, signé par Reyne et Bernard, no-
« taires des libertés concédées aux nobles et aultres
« *de genere militari seu de paragio* » du lieu de Courthezon, par Bertrand de Baux, le jeune, fils de Raymond, dit de Suze, prince d'Orange, et Bertrand de Baux, le majeur, son cousin, fils de Raymond de Baux, chevalier, prince d'Orange, confirmées par Raymond de Baux, fils dudit Bertrand, le jeune, majeur de quinze ans, de l'an 1288 et du dix-huit des calendes de juin.

« Requeste de l'Avocat Général aux commissaires au renouvellement des hommages pour contraindre les consuls de Courthezon à exhiber les libertés concédées aux nobles dudit lieu, par Bertrand de Baux, l'an 1288. »

« Ung vieux procès de l'an 1440 dans lequel est enregistré la liberté des nobles dudict Courthezon de l'an 1288. » (1)

Ces indications sont les seules que nous ayons pu recueillir sur l'acte de 1288 dont nous n'avons pu découvrir ni l'original ni les diverses copies.

Toutefois une concession des privilèges de noblesse faite le 21 octobre 1327 à un marchand Florentin, Pierre Anselini, par Raymond de Baux,

____

(1) Inventaire des Archives de la Principauté du **XVII** siècle, fol. 6, 105, 116.

seigneur de Courthézon, nous permet de suppléer, autant que possible, à cette lacune.

Au XIVe siècle, à la suite des sanglants démêlés dont les villes italiennes avaient été le théâtre, un nombre considérable de Florentins étaient venus s'établir en Provence, dans le Comtat et dans la Principauté d'Orange. Les documents de l'époque sont remplis de détails aussi curieux qu'importants pour l'histoire du commerce, sur cette émigration florentine dont Avignon et les environs furent le point de ralliement. Tout atteste l'intelligence, l'activité et la prospérité de ces étrangers qui vinrent disputer, sur les bords du Rhône, le monopole commercial aux Juifs et aux Lombards, qui créèrent ou perfectionnèrent les belles industries des tissus de soie et amenèrent, dans les villes où ils se fixèrent, une prospérité commerciale inconnue avant eux. Ce Pierre Anselini, chassé peut-être de Florence par quelque parti hostile, peut-être appelé dans la seigneurie de Courthézon par les Baux, avait conçu le projet de s'y établir, avec sa famille, pour y commercer. Raymond de Baux le prit sous sa protection spéciale : « *Sub ejus salveria, defensione, tuitione, protectione.* » Il lui accorda pour six ans, toutes les libertés, toutes les immunités, toutes les franchises et tous les privilèges dont jouissaient les nobles du lieu, en vertu de la concession de 1288 et les augmenta même. D'après cet acte, le seigneur de Courthézon ou ses descendants s'engagent à ne recevoir, et à ne percevoir aucun droit de leyde ou de peage, ni aucune autre

redevance sur les marchandises que Pierre Anselini ou ses agents possèderont, vendront ou achè-
teront dans la seigneurie. Sa famille et tous ses
biens sont placés sous la protection du seigneur.

Il pourra librement et, sans aucune redevance ou
entrave, exporter ou importer les blés ou autres
marchandises. Il pourra passer des marchés, amener des marchandises, faire des achats et des ven-
tes à l'encan, dans l'étendue de la seigneurie, selon
la coutume des Lombards et autres marchands. Il
ne sera arrêté ni détenu, ni incarcéré par les officiers de la cour de Courthézon ni par aucune personne, pour aucun crime, avant d'avoir été con-
vaincu de culpabilité par témoins honnêtes et sûrs.
Il ne sera traduit en jugement pour injures adres-
sées aux gens de la seigneurie par lui ou par ses
gens. Les plaintes des femmes qui se trouveront
ou entreront chez lui ne seront écoutées que si elles viennent de femmes de bonne renommée.
Toutes les marchandises et tous les objets déposés
chez lui, en gage, ne pourront jamais être consi-
dérés comme dérobés, lors même qu'ils provien-
draient d'un vol. Si quelques membres de sa famille ou quelques-uns de ses gens meurent à Courthézon, les officiers de la cour du lieu n'ont point
à intervenir dans la succession, les biens du défunt
devant aller à ses héritiers naturels.

Le Seigneur de Courthézon s'engage à ne jamais
forcer Pierre Anselini où ses gens à s'obliger ou à
servir de caution envers personne et en aucun cas,
pour son propre compte ou pour les siens. Il ne

devra le livrer á aucun autre seigneur ou à aucune autre cour pour crime ou délit par lui commis.

Si pour quelque motif, Pierre Anselini ou ses gens quittent Courthézon, avant le terme fixé, ils pourront transmettre ou transporter à ceux qu'ils voudront, les gages qu'ils auront reçus, pourvu qu'ils préviennent le seigneur sous la juridiction duquel ces gages sont placés. Ils ne pourront être forcés par la cour de Courthézon ou par aucun de ses officiers à acquitter aucune condamnation à moins que le seigneur ne soit présent. Ils pourront traduire au dehors les gens de Courthézon, en justice, sans encourir aucune peine, pourvu que la première instance ait été engagée à Courthézon et seulement lorsque la cour aura fait défaut. Si ledit Pierre Anselini est surpris avec une femme mariée, il n'encourra pour ce crime qu'une amende de 100 sous. Aucune vierge ne pourra se plaindre d'une injure commise envers elle par lui ou par ses gens, au seigneur ou à ses officiers, si elle n'a pas dénoncé le crime commis dans les trois jours.

Ces concessions étaient faites moyennant 10 florins d'or fin de Florence que ledit Anselini s'engageait à payer, chaque année, à la Toussaint. Elles montrent de quels privilèges étendus jouissaient à Courthézon, les nobles et les marchands qui là, comme ailleurs, ne formaient souvent qu'une seule et même classe. Ce traité passé entre le seigneur et un marchand ne contient évidemment pas toutes les franchises des nobles accordées en 1288, mais il en donne une idée. Dans quelles circonstances

ces privilèges de 1288 avaient-ils été accordés ? Était-ce à la suite de revendications violentes ou simplement à la suite d'un traité et à prix d'argent ? Le manque de documents ne nous permet pas de le savoir. D'ailleurs ces concessions faites à une classe de citoyens déjà privilégiée sont loin d'avoir, pour l'histoire du développement des institutions municipales, la même importance et le même intérêt que les privilèges accordés à la classe inférieure à celle que les documents et la charte désignent sous le nom *d'innobiles*, de *plebeii* et qui forme la majeure partie de la communauté.

La Charte qui fut accordée en 1302 à la communauté de Courthézon et que, dans leur expressive simplicité les notaires du lieu appellèrent « *La grant liberté de Courthezon* » donna lieu à des débats plus vifs et à des revendications plus fréquentes. Les habitants, qui avaient sous les yeux les privilèges accordés à la noblesse, qui, avaient vu la ville voisine d'Orange forcer, dès 1247, ses seigneurs à confirmer et à augmenter ses antiques franchises, qui avaient eu eux mêmes des libertés dont la tradition n'étaient point perdue, réclamèrent de leurs seigneurs le respect des antiques privilèges. Bertrand de Baux commença par les leur refuser. Ce ne fut qu'après de longues luttes, « *post multos tractatus habitos,* » pour obtenir la paix « *pro bono pacis et concordiæ* » et pour le bien de la chose publique « *pro reformatione et statu bono reipublicæ dicti loci de Curthedone,* » que Bertrand finit par écouter les revendications de ses sujets. C'est du moins ce que dit l'acte. Mais il est permis de croire qu'il y fut poussé par d'autres motifs.

L'historien Lapise qui le fait mourir en 1300, ce qui est une erreur, puisqu'il concède la Charte en 1302, nous révèle une particularité de la vie de ce prince. Bertrand de Baux, comme la plupart des seigneurs féodaux de cette époque, voulut voyager. Il voulut aller « à Rome pour visiter les Saints Lieux « et de là en pélérinage au St Sépulcre avec vingt compagnons. Il perdit la vie dans ce pénible voyage, mais les gens de Courthézon y gagnèrent probablement leur *grant liberté*. » En effet, pour entreprendre ce pélérinage, avec une nombreuse sui'e, il fallait beaucoup d'argent et le seigneur de Courthézon n'en avait guère. Il dut donc trouver un moyen aussi simple qu'économique de battre monnaie tout en contentant ses sujets. Il leur accorda, moyennant 30,000 sous à la couronne, payés comptant, une charte contenant des libertés, pour le moins aussi grandes que celles d'Orange, et qui furent la base de l'organisation municipale de cette ville au XIVe siècle. Nous possédons trois exemplaires de ce précieux document, les deux originaux sur parchemin et une copie du XVe siècle. Le premier et le mieux conservé se trouve aux archives départementales de Vaucluse. C'est un rouleau de parchemin mesurant près de 2 mètres de longueur sur 0,50 c. de largeur. Il se compose de trois peaux de parchemin cousues bout à bout, Le rédacteur de l'acte, un certain Guiran, d'Aix, notaire de Courthézon, pour en faire mieux re-

connaître l'originalité et les caractères matériels, a
eu soin d'inscrire cette mention à la fin de l'acte :
« Et parceque cet acte ne pouvait tenir facilement
« en une peau, je l'ai écrit sur trois parchemins
« joints et liés l'un à l'autre. La seconde ligne du
« premier commence ainsi : *Et ultra*. La dernière
« ligne de ce parchemin commence par ses mots :
« *Vel adjutori* et finit par celui-ci : *Equi*. » Notre
consciencieux notaire continue d'énumérer ainsi le
mot commençant et finissant chaque peau, telle
est, à ses yeux. l'importance de l'acte qu'il vient
de rédiger, telle est aussi peut-être la crainte qu'il
a que, dans la suite, il ne soit altéré ou falsifié par
quelque main coupable. Le second original de la
Charte de Courthézon est la première pièce du
Cartulaire déposé aux archives municipales. Il est
en tout semblable au précédent. C'est évidemment
l'exemplaire destiné à la communauté ou au seigneur tandis que l'autre était réservé au prince
d'Orange qui intervient comme suzerain, dans
cette convention. Enfin les libertés et franchises
de Courthézon ayant été confirmées par les princes de Baux, à diverses époques et notamment en
1365, par Raymond de Baux, on inséra la charte
entière dans l'acte de confirmation dont les archives de la principauté d'Orange possèdent une copie du XVe siècle. Mais cette dernière, fautive en
plusieurs points, ne saurait avoir la même valeur
que les deux originaux cités plus haut et sur lesquels nous nous appuierons pour étudier ce document. Nous y joindrons l'analyse de nombreux

actes dispersés dans les minutes des notaires du lieu (1) et qui sont de nature à éclairer certains points de la vie municipale.

La communauté se compose, à Courthézon, comme ailleurs, de deux classes principales : les nobles, *nobiles, homines de genere militari seu de paragio*, et les plébeiens, *innobiles, plebeii, probi homines*. C'est ainsi que les habitants sont désignés dans l'acte de 1302, c'est ainsi que nous les trouvons agissants dans tous les actes « *universitas nobilium et proborum seu plebeiorum hominum loci Curthedonis, universitas tam nobilium quam proborum hominum*. Cette communauté dont une partie, celle des *nobiles* a reçu du seigneur, en 1288, des privilèges considérables, se compose de tous les chefs de famille. Elle est placée sous la dépendance du seigneur et de sa cour. Cette cour se compose d'un baile, *bajulus*, représentant le seigneur, d'un juge, *judex*, et de quelques autres officiers de justice. Nous trouvons, les deux principaux officiers du seigneur dès 1289. « *Bertrandus de Garda, judex Curthedonis, Giraudus de Cambis, domicellus, bajulus dicti castri Curthedonis*. » Ils administrent et rendent la justice au nom du seigneur et la font exé-

_____

(1) Nous devons l'indication des principaux de ces actes à l'obligeance de M. le docteur Barthélemy, de Marseille, qui, avec sa bienveillance ordinaire, a bien voulu nous signaler, en dépouillant les minutes des notaires de Courthézon, tout ce qui concernait la communauté.

cuter par leurs agents, dans l'étendue de la seigneurie.

Mais à côté de cette autorité et, dans certains cas aussi puissante qu'elle, se trouve celle de la communauté. Le *Parlement général des habitants, Parlamentum generale* est, en effet, convoqué par l'ordre du baile, mais quelquefois aussi par la seule volonté des syndics. C'est à son de trompe, *voce tubæ*, que se fait cette convocation. Le Parlement général s'assemble tantôt dans la cour du château, tantôt devant l'église, tantôt sous le portail, tantôt dans le cimetière (1), pour la nomination de ses représentants, pour celle des agents communaux, pour l'imposition des tailles, pour la fixation des redevances, pour la réparation ou la construction des fortifications, etc.

L'élection des syndics lui appartient. Ils sont au nombre de quatre, désignés par le vote du Parlement général. En 1302, ces quatre syndics sont : Raymond Giraud, Raoul Sucard, Jacob Michel et Isnard de Mondragon. En 1408, deux des syndics ayant donné leur démission, le baile ordonne la

(1) In castro Curthedonis, scilicet in plauo ante fortalitium dicti castri (1302).

— In cimiterio ecclesiæ videlicet subtus aspar claustri (1381).

— Congregata ipsa universitas desubtus aspar claustri ad parlamentum faciendum (1388).

— Congregata universitas subtus aspar claustri dict loci (1389).

convocation de la communauté pour les remplacer (1). La majeure partie, « *plus quam duæ partes* » des habitants répond à la convocation, et elle élit deux syndics en remplacement des deux démissionnaires.

Ces syndics représentants directs de la communauté, qu'elle constituait ses mandataires, *syndici et procuratores*, » ne formaient pas toute la représentation communale. La communauté élisait encore des conseillers, *consiliarii*. En 1302, ces conseillers sont au nombre de six : Raymond Balque, Guillaume Fabre, Jean Trapaud, Bernard Balque, Guillaume Fabre, Rambaud de Marsana et Guillaume Raoul. Ils forment, avec les quatre syndics, un conseil de dix membres, chargé de traiter les affaires communales. Après l'élection et avant d'entrer en charge, ils jurent, la main sur l'Évangile, de remplir fidèlement leurs fonctions et de sauve-

(1) Bajulus jussit et mandavit Andreæ Ludovico servienti, preconi publico dicti castri Curthedonis ut, voce tubæ, more solito, publice, per loca, plateas et termina consuetas in dicto castro Curthedonis voce namphili, audibili et sonora, preconizet et injungat, ex parte dicti domini bajuli, quod omnes homines habitantes et domicilium facientes sane foventes in dicto loco Curthedonis, die supra, post exitum primæ missæ, subtus copertum sive aspar claustri Curthedonis simul conveniant et se congregent pro faciendo et inhiendo publicum et generale parlamentum, prout in talibus est fieri consuetum.

(Minutes du notaire Reybaud Merlet 1402-1419, fol. 76.)

garder, en toute circonstance, les libertés et les intérêts dont la défense leur est confiée par leurs concitoyens (1). Les attributions des syndics et des conseillers sont aussi multiples qu'importantes. Ils sont non-seulement chargés de la défense des libertés publiques, mais ils sont aussi les défenseurs des intérêts de la communauté. Ils peuvent et doivent la représenter en toute circonstance; ils entament et poursuivent les instances en son nom, sauf le cas de poursuite du seigneur lui-même ou de ses représentants. Ils ont pleins pouvoirs pour lever et exiger les impôts, pour fixer les tailles nécessaires, pour convoquer et assembler même la communauté pour le vote des subsides, avec l'autorisation toutefois du seigneur ou de son bailo. Ils peuvent faire saisir ou vendre les biens des récalcitrants et obliger chacun à contribuer, selon ses moyens, aux charges communes. Cependant, dans les circonstances graves, lorsqu'il s'agit, par

(1) Quæ omnia et singula supradicta sic tenere, attendere et complere et contra in aliquo non venire, de jure vel de facto, per se vel per alium, super sancta Dei Evangelia ab ipsis sponte corporaliter tacta, juraverunt. (Charte de 1302. — Voir pièces justificatives).

— Ad manutenendum, prosequendum et deffendendum pro dicta universitate et singularibus personis dictæ universitatis in judicio et extra omnes libertates, immunitates, franquesias et privilegia quæ et quas habet et visa est habere universitas.

(Élections de syndics. 1408).

exemple, de la confirmation par les seigneurs, de la Charte communale, de dépenses à faire pour les fortifications, de l'établissement de taxes nouvelles, de la promulgation des statuts, c'est la communauté, elle-même, qui intervient et qui désigne des mandataires spéciaux, choisis, le plus souvent, parmi les syndics et les conseillers en exercice, mais qui peuvent être nommés en dehors d'eux.

A côté des syndics et des conseillers, se trouvent d'autres agents communaux, parmi lesquels nous trouvons le trésorier et les auditeurs des comptes, *thesaurarius, auditores computorum*, ces derniers ordinairement au nombre de deux (1). Ces agents financiers, dont le titre indique assez l'emploi, sont également élus par le parlement général des habitants. Les fonctions du trésorier sont de centraliser les revenus et les taxes communales, celle des auditeurs des comptes, de surveiller sa gestion, de donner quittance aux débiteurs de la communauté, de poursuivre le remboursement des divers impôts, quartiers, vingtain, quatrevingtain, quarantain, souquet, gabelles, etc.

Enfin les agents subalternes eux-mêmes, estimateurs, maîtres de victuailles, secrétaires, crieurs pu-

---

(1) Videlicet nobili Johanni Flamingii et Bertrando Balque auditores computorum per dictam universitatem in publico parlamento electis.

(Minutes de Raymond Merlet. 1396-97, fol. 43.)

blics, étaient élus, chaque année, par le parlement
général des habitants. Telle était cette organisation
intérieure, dont le souvenir se perdait dans la nuit
des temps, et que les concessions faites en 1302, par
Bertrand de Baux, ne firent que consolider et que
perfectionner en y ajoutant de nouveaux privilèges.

Au terme de cet acte, la communauté de Courthezon et chacun de ses membres sont libres dans
leurs personnes et dans leurs biens. Le seigneur ou
ses successeurs, ne pourront imposer ou lever aucune taille, ils ne pourront exiger aucune queste
ou asseoir aucune taille extraordinaire ou forcée,
exiger aucun droit d'ademprès (1), pour le mariage

(1) **Queste, questa, sorte de taille dont le seigneur fixait
le montant à son gré ; elle se levait tous les ans, sur les
hommes de la plus basse condition. Cf. Ducange au mot :
Quista et B. Guérard, Cartul. de S. Victor, de Marseille,
etc.**

**Ademprès, ademprium, adimprivium. « En ces temps,
exigeoient de leurs sujets, les seigneurs des lieux et des
chasteaux de Provence certains droits qu'ils nommoient
en ancienne langue provençale *adempres*, mot duquel
fort peu de gens de nos aages ont sceu trouver la naturelle intelligence hormis que c'estoit un emprunt, ma-
letolte ou levée de deniers, communément appelée [droits
d'ademprès que les comtes de Provence avoient imposé
sur leurs sujets ou pour marier leurs infantes, ou pour
le passage d'outre mer, ou pour acheter quelque nouvelle
terre, ou bien pour mettre leur fils de l'ordre de S. Jean
de Jérusalem. » (Nostrad. *Hist. de Prov.* pag. 398.)**

de ses filles ou de ses autres enfants, ou pour leur entrée au couvent, ni pour sa milice, ni pour celle de ses fils, ni pour les achats qu'il pourra faire, ni pour ses voyages d'outre-mer, ni pour ses voyages vers l'Empereur ou vers un roi ou vers un prince quelconque, ni pour toute autre raison. La communauté ne sera, .elle ou ses membres, nullement tenue de s'engager pour son seigneur ou ses héritiers. Les gens de Courthézon qui sont engagés, eux ou leurs biens, pour le seigneur ou ses enfants, devront être libérés de cette obligation dans le terme d'un mois. Il en sera de même s'ils se sont engagés envers d'autres, par l'ordre du seigneur.

Ils ne fourniront ni le vingtain, ni aucune partie de la dîme de leurs fruits, pour cause d'aide ou de subside; ils ne seront tenus ni à équiper des chevaux armés, ni à en nourrir, ni à en recevoir, en aucun lieu, ni en aucun temps pour le seigneur ou ses successeurs, à moins qu'ils n'appartiennent à des hôtes, auquel cas, ils sont tenus de les recevoir.

Ducange fait remarquer que ce droit n'était pas, comme le suppose Nostradamus, spécial à la Provence, puisqu'on le trouve mentionné dans les autres actes des comtes de Toulouse, des rois d'Aragon, etc. Ce même droit est mentionné dans l'accord de 1251 entre Alphonse comte de Toulouse et Charles d'Anjou avec les Avignonais : *Item omnes cives Avenionis*.... liberi remanent, in perpetuum et immunes a talia, quista et tolta et omni ADEMPTO FORSATO.

Le seigneur ou ses successeurs, ses officiers ou ses gens ne pourront prendre aucune mesure pour la sortie ou l'entrée des blés, dans Courthézon, sans en être requis par la plus grande et la plus saine partie des habitants. La communaùté et chacun de ses membres pourront librement entrer ou faire entrer ou sortir le blé, le vin, et les autres denrées, comme ils le voudront, a l'époque qu'ils jugeront convenable, pourvu que cette exportation ne se fasse pas chez des ennemis du seigneur, connus des habitants.

Si le seigneur ou ses successeurs, ses officiers ou leurs gens achètent quelque chose de la communauté ou de ses membres, vin, blé, étoffes, fer, peaux, viandes de boucherie ou animaux, ils devront, avant d'en prendre livraison, en payer le prix sans retard et sans discussion. Ils ne pourront recevoir ou enlever aucune marchandise soit par force, soit par intimidation, soit par coercition, ni forcer personne à leur vendre, ni faire un prix, mais accepter le prix fait pour chaque chose, à la volonté du marchand.

Tous les pâtis et pâturages seront accessibles à la communauté, qui pourra en user en toute liberté et y mettre les animaux qu'elle voudra. Le seigneur ou ses successeurs ne pourront se les approprier en tout ou en partie ou les donner ou les concéder à d'autres, excepté cependant ceux qui auront été donnés en emphityhéose par le seigneur et qui devront demeurer en leur état.

Les habitants de Courthézon ne seront tenus, en

aucun temps, à la fourniture des lits et de leur garniture pour le seigneur, ses enfants ou sa famille, si ce n'est lorsque le seigneur aura des visiteurs, pairs, comtes, barons, ou autres nobles. En ce cas, les gens du peuple, seront tenus de préparer leurs lits superflus, s'ils en ont, pour servir aux hôtes tant qu'ils résideront à Courthézon Dès qu'ils quitteront cette ville, le seigneur devra immédiatement et sans délai, rendre les lits et leurs garnitures à ceux qui les auront fournis.

Les poids et mesures devront, comme de coutume, être conservés et gardés par la communauté ou par celui que les habitants auront désigné. Ils pourront librement mesurer et peser leurs produits sans droits ni salaires de pesage ou de mesurage.

Le droit de devès ou de banvin pratiqué par le seigneur sera aboli et ne devra plus être rétabli ; la communauté jouira, à ce sujet, d'une entière liberté.

Sur la demande des syndics et des conseillers ou de la majeure partie des habitants, le seigneur de Courthézon ou ses officiers devront convoquer le parlement général de la communauté pour l'élection des syndics et des conseillers, pour défendre les conventions ci-dessus et toutes autres défendre tous les droits de la communauté, tels qu'ils sont spécifiés.

Le seigneur de Courthézon, son baile ou son juge devront exercer l'autorité et rendre la justice sans dépens et sans charges. S'il arrive que le juge ou le baile négligent ou diffèrent les devoirs de leur office, pendant plus de dix jours, après avoir été requis de se prononcer, on pourra s'adresser au prince d'Orange ; si, dans un nouveau terme de dix jours, il n'y a pas de solution, la communauté pourra, de sa propre autorité et sans la permission du seigneur ou de sa cour, ou du prince, se réunir pour élire ses syndics, selon le mode ordinaire et délibérer le mode et la forme du syndicat.

Les syndics et les conseillers pourront se réunir librement et légalement, au son de la cloche ou autrement à l'époque et au lieu qu'ils choisiront, pour traiter les affaires de la communauté, sans adresser aucune requête au seigneur ou à ses officiers.

Si les syndics, en leur nom, en celui de la communauté ou comme procureurs de quelques-uns de ses membres, trouvent que le seigneur ou ses successeurs n'observent pas, en tout ou en partie, ces conventions, ils en avertiront d'abord le seigneur de Courthézon. Ils porteront ensuite leur plainte devant le prince d'Orange qui devra nommer, pour examiner leurs griefs, une personne probe et non suspecte, qu'il s'agisse de l'examen de cette plainte, de l'observation de la charte ou de dommages intérêts pour son inexécution. La connaissance de la plainte et le jugement auront lieu à Orange, simplement, sans appareil judiciaire, sans procédure, et dans le mois qui suivra ; la moitié de la peine prononcée appartiendra au prince et l'autre moitié au plaignant.

Dans tous les cas indiqués et spécifiés ci-dessus,

la communauté et chacun de ses membres et leurs successeurs jouiront de la plus entière liberté.

Cette charte est accordée aux syndics et aux procureurs de la communauté par le seigneur, moyennant 30,000 sous à la couronne qui lui sont incontinent comptés et qu'il reconnaît avoir reçus. Il promet et jure sur les Évangiles, pour lui et ses successeurs, d'observer, de tenir et de remplir les conditions de cet acte, sous l'obligation de tous ses biens et d'une amende de 100 marcs d'argent, moitié aux syndics et conseillers et moitié au notaire comme personne publique stipulant et recevant au nom du prince d'Orange.

A chaque changement, le nouveau seigneur sera requis, par les syndics, dans les quinze jours après son arrivée, de promettre et de jurer solennellement, devant la communauté assemblée et en présence de tous, de maintenir ces privilèges et de n'aller ni dire au contraire. Tous les officiers établis ou à établir, viguier, baile, juge et tous autres ayant juridiction, l'exerçant ou devant l'exercer, devront, immédiatement après leur création et avant d'exercer leur office, jurer, dans les mêmes termes que le seigneur, de servir, garder et respecter tous les privilèges et de ne rien faire ou dire à l'encontre. Si le seigneur ou ses officiers refusaient de promettre ou de jurer l'observation de la charte, comme il est spécifié, la communauté, ni aucun de ses membres, ne seraient tenus de prêter au seigneur de Courthézon, le serment de fidélité, et d'obéir à ses officiers ou juges en quoi que ce soit, jusqu'à ce qu'il ait juré la charte.   17

Le seigneur de Courthezon devra s'employer pour que le prince d'Orange et Raymond de Baux, son fils, approuvent et ratifient cette transaction pour eux et leurs successeurs, et pour qu'ils promettent, par serment corporellement prêté, de garder ces conventions et pour que le prince s'oblige, pour lui et ses successeurs, à ce que quiconque sera prince d'Orange, permette, à son avènement, à la communauté ou à ses membres, de faire observer et respecter leurs privilèges.

Ensuite Raymond de Baux, fils du seigneur de Courthézon, instruit de toutes ces conventions, les approuve et les confirme, et jure aux syndics, la main sur les Évangiles, de les observer et de les remplir, se soumettant aux peines énoncées contre les infracteurs.

Le prince d'Orange, en tant que suzerain, fait le même serment. Il accorde de plus aux syndics, que les hommes de Courthezon, ne seront point tenus de donner au prince ou à ses successeurs, aucune partie de leurs biens, comme aide ou comme subside, que le prince ou ses successeurs ne pourront imposer ou lever aucune taille pour l'équipement de sa milice ou pour quelques-uns de ses enfants, pour marier ses filles ou pour les mettre au couvent. En outre, les hommes de Courthezon seront exempts, pour toujours, de toute taille, de toute queste et de toute autre redevance, et ils sont libérés de toutes celles qui ont pu être frappées sur eux. En récompense, les syndics promettent au prince 5,000 sous à la couronne et 34

livres, monnaie courante, que le Prince reconnaît
avoir reçues. Il jure enfin, sur les Évangiles et
sous l'obligation de tous ses biens, et d'une amende de 100 marcs d'argent, de maintenir et de défendre ces conventions, contre tous ceux qui, dans l'a-
venir, voudraient leur porter atteinte.

Telles sont les dispositions principales de cette
charte de 1302, document remarquable et qui montre jusqu'à quel degré de liberté étaient arrivés
lés habitants de Courthézon, sous les seigneurs de
Baux. Ces dispositions furent maintenues, respectées et même augmentées pendant tout le XIVe
siècle. Elles furent confirmées par les princes d'O-
range, notamment en 1365 et en 1419. Les actes de
confirmation qui nous restent indiquent que toutes
les clauses de la charte furent exécutées, et notamment celle qui obligeait le seigneur à jurer les
franchises et les libertés avant de recevoir le serment de fidélité de ses sujets (1). A partir de 1302,
nous voyons donc les deux classes de citoyens, nobles et plebéiens, s'appuyant sur les concessions

(1) « Petierunt et requisiverunt dictum dominum prin-
« cipem ut libertates, immunitates et franquesias et om-
« nia alia universa et singula, in dicto instrumento con-
« tenta, eis firmaret prout predecessores ipsius domini
« principis confirmaverunt, » dit l'acte de confirmation
du 10 décembre 1365.

« Dixerunt quod ante omnia, ipse dominus princeps
« tenetur et debet jurare et bona fide promittere de'ob-
« servando et custodiendo inviolabiliter et de non fran-

obtenues, prendre une part active à la vie munici-
cipale. Au milieu des querelles et des guerres de
leurs seigneurs, dont ils furent plus d'une fois les
témoins et les victimes, ils rédigent leurs statuts,
ils établissent leurs taxes, ils veillent aux fortifications de leur ville, et tout nous montre que, pour
toutes ces questions, ils s'entendent parfaitement
et savent faire respecter leur « grant liberté. »

Si cette charte règle les rapports des sujets avec
le seigneur, les statuts règlent les rapports des habitants entre eux.

Voici quel était, de temps immémorial, « *a tanto*
« *tempore citra fieri solitum quod hominum memoria*
« *in contrarium, non existit* (1), » le mode de rédaction de ces statuts. Les habitants de la communauté se réunissaient, à son de trompe, sous la
principale porte de la ville, à la convocation
des syndics, et là, devant le baile et avec son con-
sentement, ils élisaient des mandataires chargés de
la rédaction de l'acte, qui était ensuite lu, à haute
et intelligible voix, par un notaire, devant la communauté assemblée.

La mention la plus ancienne des statuts de Cour-

« gendo nec violando libertates, franquesias, immunita-
« tes, privilegia et statuta ac consuetudines scriptas vel
« non scriptas ipsius loci Curthedonis tam nobilium
« quam plebeiorum, » dit l'acte de confirmation par Louis
de Chalons, du 13 juin 1419.

(1) Statuts de 1411.

thézon, que nous ayons rencontrée est de 1380. Les archives de la principauté d'Orange, possèdent les statuts rédigés le 28 mai 1411, et ceux du 23 juillet 1579. Nous n'avons pas en entier l'acte de 1380, nous n'en connaissons qu'un fragment contenant les articles relatifs à la boucherie et à la poissonnerie du lieu. Il se trouve annexé à un acte d'adjudication de la vente de ces produits en 1435 (1). Il est écrit en langue vulgaire, et il fixe le prix de ces marchandises : il offre donc un double intérêt, et on nous saura gré, d'en analyser ici les principaux passages :

Le bœuf, le mouton, le porc, se vendent à la livre, sauf les bas morceaux ; le bœuf et la vache, 6 deniers, et le mouton, 8 deniers ; la ville percevra 1 denier par livre. L'agneau, le veau, le cabri se vendent à volonté. Chaque veau ou génisse vendus à la boucherie depuis Mars jusqu'à la Saint-Michel, paieront 4 gros et ils devront être vendus au poids comme le bœuf et la vache. Chaque agneau ou cabri vendu paiera 10 deniers. Chaque sanglier, tué ou vendu, paiera 3 gros, et chaque cerf ou biche, 1 gros, 12 deniers ; chaque bouc ou chèvre, 12 deniers ; chaque brebis se vendra au poids, 6 deniers la livre, sur lesquels la ville prendra 1 denier.

Celui qui apportera de la viande achetée ou qui

(2) Minutes du notaire de Courthézon Raybaud-Mer let. 1422-1435, f° 114 et 115. Voir pièces justificatives.

lui aura été donnée hors la ville, devra payer 1 denier par livre d'entrée, Celui qui tuera un bœuf ou une vache pour sa provision, en sa maison, paiera 6 gros, pour chaque animal tué. Si la bête meurt par accident, il ne devra rien payer, Celui qui tuera mouton, brebis, chèvre, pour sa provision, devra, pour chaque bête, 12 deniers; celui qui tuera agneau ou cabri, 6 deniers. Celui qui tuera porc ou truie, pour sa provision, devra, 1 gros, 12 deniers par bête, et s'il tue pour saler ou pour vendre, il devra 3 gros. Tout contrevenant à ces dispositions sera puni d'une amende de 15 sous.

Les viandes de boucherie, vendues sur pied, et en dehors de la boucherie étaient également taxées. Tout éleveur, de Courthézon ou de son territoire, élevant bœufs, vaches ou veaux, pour les vendre au dehors devait 3 gros par bœuf, 2 gros par vache, 1 gros 12 deniers par veau de lait d'un an et au dessous, et autant pour chaque bouc ou chèvre. En cas de non déclaration, il encourait une amende de 40 sous par bœuf, de 30 sous par vache et de 10 sous par veau. Celui qui élevait moutons, brebis, chèvres, agneaux pour les vendre au dehors devait 25 deniers par mouton, 9 deniers par chèvre, 6 deniers par cabri ou par agneau. En cas de non déclaration, la peine est de 15 sous par mouton, de 10 sous par brebis, de 5 sous par agneau ou par cabri.

Les statuts s'occupent également de la poissonnerie. Tout poissonnier vendant le poisson, par lui-même ou par d'autres, devait 1 gros 12 deniers par quintal. Tout pêcheur dans les eaux de Courthézon ou de son territoire devait payer 1 denier par gros, et tout habitant vendant du poisson frais payait la même redevance.

Il est regrettable que nous ne possédions plus en entier les statuts de 1380, qui nous permettraient d'étudier, dans ses diverses parties, ce petit code de la communauté. Cette lacune est en partie comblée par les statuts de 1411 qui ne contiennent pas moins de 100 articles. Toutefois ces statuts, rédigés en latin, n'offrent aucun caractère particulier et sont semblables à ceux des communautés environnantes, dont nous avons déjà publié quelques-uns. Ils contiennent sur les bestiaux, les bois, le commerce, les cours d'eau, le jardinage, les juifs, les pâturages, la pêche et la chasse, les plantes industrielles, les propriétés, les récoltes, les tailles et les gabelles, la voirie, les vignes, etc., des dispositions que nous retrouvons dans tous les statuts.

La communauté, qui intervenait d'une manière aussi directe dans la confection de ses statuts, prenait une part tout aussi grande à tout ce qui touchait aux impôts. Elle établissait, elle percevait et elle adjugeait le souquet, *soquetus*. C'est ainsi que le 9 mars 1388, elle s'assemble pour l'adjudication de cette taxe (1). Un acte de 1393 nous montre comment se faisait cette adjudication du

(1) Concordaverunt fieri in loco Curthedonis impositionem seu soquetum in vino durandum, unum annum, pro

souquet. La communauté assemblée pour allouer le souquet « *impositionem seu soquetum vini* » nomme trois souquetiers « *souquetores* » pour présider à l'adjudication qui est annoncée par le crieur public « *inquantator publicus.* » La perception de cet impôt est adjugée au plus offrant « *per traditionem ramelli.* »

C'était la communauté qui réglait l'entrée des vins étrangers. Le 2 novembre 1393, cette assemblée « *convocata et congregata universitate Curthedonis tam nobilium quam innobitum seu majore parte ejusdem* » ayant appris que certaines personnes voulaient amener, au préjudice des habitants, des vins étrangers pour les vendre, décida que toute personne voulant vendre de ces vins paierait 4 gros par saumée, sans préjudice des franchises et des libertés de la ville auxquelles on ne pouvait déroger.

C'était encore la communauté qui, toujours d'après la Charte de 1302, réglait la corvée « *corvata hominum, animalium et cadrigarum.* » C'est ainsi qu'en 1463, les syndics représentant cette communauté passent avec un certain P. Verterii, un marché pour la perception de certains impôts parmi lesquels se trouve la corvée. Elle devait être exigée, une fois l'an, de tous ceux que la communauté assemblée désignait, elle pouvait être per-

fortifficatione loci Curthedonis et aliis necessariis pro utilitate Republicæ dicti loci et adipsas impositiones et soque tuum vendendos.

que dans le courant de toute l'année, excepté pendant les mois de juin, juillet et août, époque des récoltes.

Cette même communauté allouait également, la perception des droits sur la boucherie. En 1435, elle donne à Pierre Donadei, du Pont-Saint-Esprit, pour deux ans, le droit qui est perçu sur les viandes et les poissons, et elle spécifie les conditions à remplir par cet adjudicataire, qui devra se conformer aux statuts votés par les habitants, verser, par trimestre, une somme de 280 florins et pourvoir la boucherie des viandes nécessaires à la consommation publique.

Enfin les questions de travaux publics, tels que les fortifications de la ville, étaient encore du domaine de la communauté. Nous la voyons, pendant tout le quatorzième siècle, mais surtout à l'époque des démélés de Catherine de Baux, dame de Courthézon, avec son cousin le prince d'Orange, lors du passage des routiers, au temps des ravages des compagnons de Raymond de Turenne, faire les sacrifices les plus considérables pour se mettre à l'abri de ses ennemis. Cette pauvre ville qui, brûlée deux fois, nous l'avons vu pendant le cours du XIII° siècle, en 1203 et en 1243, devait son relèvement et ses premières murailles aux seigneurs de la maison de Baux, les avait vues, plus d'une fois, escaladées et renversées soit par les gens du prince d'Orange (1365), soit par les bandes qui pillaient le pays (1370). Cependant, après chaque attaque, la communauté s'assemble, elle vote, pour cet objet, des impositions spéciales, ordinairement appelées *vingtain,quarantain* et dont le nom explique assez la nature. Les plus grandes dépenses que nous ayons contatées pour la réparation des remparts eurent lieu en 1381. Le 23 mai de cette année, la communauté est convoquée par le capitaine du lieu pour décider l'établissement d'un vingtain pour la réparation des fortifications, à cause des gens de guerre « *super resartiamento dicti loci cum indigeat reparatione et timeatur vel sit dubium de habendo gentes armorum in patria ista.* » La communauté décida d'établir ce vingtain. Elle chargea Guillaume de Bourbon, seigneur de Lacoste et Bertrand de Tarascon, ainsi que ses quatre syndics et quelques autres, d'en discuter les conditions. Ils se réunirent dans l'église et ils décidèrent de relever les portes, d'élever une tour et de réparer toutes les murailles.

Cette même année, le capitaine de Courthézon était un certain Jean Delavau, auquel le comte de Genève écrivait le 3 octobre 1381 :

« Johan de La Vau, capitaine de Corteson,

« Nous te mandons, de par Nostre Seigneur le « Pape que tantost tu garnis et fais que à Cour- « teson soient mis encontement dix homes d'ar- « mes et dix arbalestriers ès despens de la dame de « Cortoysion et en ce mes toute la diligence que « tu pouras et en la garde dudit lieu. A Dieu soies.

« Escript en Avinhon, le III jour d'ottobre (1).

« Le conte de Genève »

(1) **Minutes du notaire de Courthézon.** Marcel de Haya. 1381 f° 26.

Cette lettre, communiquée par le capitaine aux habitants n'étaient pas de nature à calmer leur crainte des gens de guerre qui désolaient le pays, et comme le vingtain précédemment voté ne suffisait pas, ils se réunirent le 9 novembre suivant. Ils décidèrent l'établissement d'un quarantain et d'un nouveau souquet sur les vins et les principales marchandises pour compléter leurs fortifications. Cet acte important, qui devait fournir à la communauté des ressources considérables nous montre à la fois quelle était l'importance de la ville de Courthézon, à cette époque, quelles étaient ses ressources et il nous permet même de déterminer, d'une façon à peu près certaine, la date de la reconstruction de ses principales fortifications.

Ce quarantain pour les fortifications « *ad fortificationem dicti loci fiendam* » était établi, nous l'avons dit, sur les principales marchandises, mais aussi sur les bestiaux, les fruits, les récoltes et sur tous les métiers exercés dans la ville.

Les marchands de drap, juifs ou chrétiens, devaient 2 deniers par livre, sur les draps vendus ; les apothicaires, 2 deniers par livre de marchandise vendue ; les marchands de blé, 3 deniers par saumée de blé et par émine de légumes et de farine ; chaque émine de sel payait 2 deniers, chaque quintal de fer, 2 deniers, chaque douzaine de soliveaux, 3 deniers, chaque quintal de suif, 7 deniers, chaque livre de miel, de cire, 2 deniers, chaque saumée d'huile, 6 deniers, chaque livre de laine, 2 deniers. Les toiles vendues en gros, payaient 2 deniers par livre ; les bois de chauffages, sciés ou non, devaient le quarantain. Les prés fauchés deux fois l'an, devaient deux sous par fauchaison, ceux fauchés une fois, 12 deniers. Les blés, les vins, les légumes, les diverses graines, le lin, le chanvre, et, en général tous les produits agricoles, étaient soumis à des droits plus ou moins considérables.

Il en était de même des fruits, le propriétaire d'amandiers ou de noisetiers devait le quarantain de sa récolte.

Chaque charge d'amandes devait 7 deniers, une obole, et chaque sauméc d'amandes brutes ou de noix devait 2 deniers.

Parmi les animaux domestiques, les agneaux, les chevreaux, les veaux, les truies devaient le quarantain, qui était également établi sur les fromages ; un veau payait 11 sous, un poulain, 12 deniers. Les voitures et les bêtes de labour devaient également la taxe ; les ânes, les mulets, les chevaux, les bœufs, les vaches, les veaux, les agneaux, les boucs et les chèvres, les porcs et les autres animaux vendus par les gens de Courthézon, devaient 2 deniers par livre du prix de vente.

Les métiers nombreux exercés par les habitants, étaient également soumis au quarantain. Les tailleurs devaient 3 deniers pour chaque habit, et deux deniers pour chaque garniture grande ou petite. Les tailleurs faisant chausses et capes devaient un denier par paire de chausses et par cape ; les tailleurs faisant chemises ou pantalons devaient la même taxe ; les fabricants de boutons devaient le quarantain de leur gain. Les cordonniers et savetiers faisant patins et estivaux (sorte de bottes) devaient une obole pour chaque paire de souliers et de patins, chaque paire d'estivaux étant comptée pour quatre souliers. Les fourniers et boulangers devaient le quarantième des pains vendus, et l'étranger portant pain pour vendre à Courtbezon devait la même taxe. Chaque aubergiste devait 3 oboles pour tout animal portant selle et 3 pictes pour les autres animaux qu'il hébergerait, Les barbiers exerçant leur art à Courthézon, devaient le quarantain de leur profit. Les tanneurs, les pelletiers, les bouchers devaient la taxe. Chaque boucher devait 3 sous et demi pour un bœuf ou une vache, 15 deniers pour un porc, 2 sous pour un veau, 15 deniers pour un porc salé, 9 deniers pour un mouton, une brebis ou une chèvre, 4 deniers pour chaque agneau ou cabri. Les ouvriers maréchaux ou serruriers, devaient 2 deniers par livre, du prix de leur travail. Les jardiniers, les meuniers, les broquiers, les fustiers, les rodiers, les tripiers, les poissonniers, les revendours, les hommes de peine occupés aux travaux de la campagne, les mercenaires devaient contribuer au quarantain par une partie de leur salaire. Les usuriers même devaient payer 7 deniers, une obole par livre, pour toute somme prêtée. Il n'était pas enfin jusqu'aux biens du prieur de Courthezon et des ecclesiastiques habitant la ville qui ne fussent soumis à cet impôt du quarantain, dont le seigneur seul était exempt (1).

(1) Voir pièces justificatives.

Cè quarantain de 1381, nè fut point le dernier imposé par la communauté aux habitants dans le
courant du XIV⁰ siècle. Nous la voyons encore
s'assembler pour la même cause, le 13 mai 1394, et
voter de nouvelles charges pour ses fortifications.
Les bandes de Raymond de Turenne sont dans les
environs, à Châteauneuf et ailleurs ; elles désolent
le pays ; la Principauté et le Comtat s'imposent de
nouveaux sacrifices pour résister à leurs attaques,
et purger la contrée de ces derniers routiers ; la
communauté de Courthezon, fidèle à son passé, aug-
mente encore ses murailles et demande à ses membres un nouveau sacrifice pour préserver la pa-
trie (1).

Telle fut aux XIII⁰ et XIV⁰ siècles, l'organisation
municipale et la vie interieure de la petite ville de
Courthézon. Nous l'avons montrée devenant seigneurie particulière à la fin du XIII⁰ sècle, obte-
nant de ses seigneurs des privilèges considérables

(1) Videntes nisi per patriam apponatur remedium,
esse in periculum amittendi omnes eorum presentis annis
fructus et cum etiam civitas Auraycæ et totus Principatus velit cum aliis de Comitatu Venassyni facere suam
partem bonam in confundendo gentes domini Raymundi
de Turenna existentes in Castronovo et aliis locis de et
pro quibus possint dampnificari Principatum Auraycæ et
Comitatum Venayssini, ordinaverunt fieri unum quarentenum in loco Curthedonis ad annum continuum et
completum. (Minutes de Marcel de Haya, 1393-1394
f⁰ 117.)

en 1302, nommant ses syndics, ses conseillers, ses agents particuliers, votant ses statuts, s'imposant elle-même, réparant avec ses propres ressources, ses fortifications, se relevant de ses propres ruines à chaque attaque, vivant enfin de sa vie propre, au milieu des guerres, des pillages et des désolations de ce XIV° siècle si agité, si tourmenté, si malheureux.

Nous aurons rempli notre but, si nous avons démontré que cette charte, ces privilèges et ces documents que nous avons recueillis, offrent non-seulement un intérêt local, mais forment un chapitre intéressant de l'histoire des institutions municipales de cette région, durant le Moyen-Age.

L. D.

PIÈCES JUSTIFICATIVES

I

*Concession par Bertrand de Baux, prince d'Orange à Bertrand
de Baux, seigneur de Courthézon, de la dérivation des eaux
de l'Ouvèze, pour les moulins de Courthézon.*

Noverint universi presentes pariter et futuri
hoc presens instrumentum publicum inspecturi
quod, anno Incarnationis Domini millesimo ducentesimo octuagesimo nono, scilicet sexto Nonarum
Madii, illustris et magnificus vir Bertrandus de
Baucio, princeps Aurasicæ, filius quondam domini
Raymundi de Baucio militis, principis Aurasicæ
quondam et dominæ Malberjone conjugum, confessus fuit et in veritate recognovit nobili viro Bertrando de Baucio, *domino Curtedonis*, filio quondam
Raymundi de Baucio de Suza et dominæ Bigue,
conjugum, quondam ipsum Bertrandum de Baucio,
dominum Curtedonis habere jus et habere debere
et suos, post eum, in perpetuum successores, ducendi aquam fluminis Ovede per bedale consuetum
seu per bedalia consueta; quæ bedalia sunt in
terra propria dicti domini principis, ad molendina
Curtedonis presentia et futura libere et quiete,
sine contradictione ipsius domini Bertrandi de
Baucio, principis Aurasicæ supradicti et suorum
successorum post eum et quod habet jus curandi
et reficiendi dictum bedale seu dicta bedalia ad
opus ducendi aquam ad molendina predicta dicti
castri Curtedonis, totiens quotiens opus erit sine
contradictione dicti domini principis et suorum

su ccessorum post eum. Et promisit dictus dominus princeps per se et successores suos dicto Bertrando de Baucio, domino Curtedonis stipulanti, presenti et recipienti pro se et suis successoribus, in infinitum, quod faciet et curabit, quod dictus Bertrandus de Baucio, dominus Curtedonis et sui successores post eum, possint et debeant libere et quiete ducere aquam predictam per bedale seu bedalia predicta ad dicta molendina Curtedonis sine impedimento aliquo ipsius domini principis et suorum post eum et si aliquid impedimentum prestaretur, promisit quod illud curabit et faciet amoveri.

Actum fuit hoc in castro predicto Curtedonis, in hospitio claustri ecclesiæ dicti loci, in camera crote majori, juxta quoquinam.

Testes interfuerunt vocati et rogati, scilicet dominus Girardus de Verdello, miles, et legum doctor, dominus castri de Octavis, nobilis vir Bertrandus de Borbono domicellus, dominus de Borbono, magister Bertrandus de Garda, *judex* Curtedonis, Giraudus de Combis, domicellus, *bajulus* dicti castri Curtedonis, Bertrandus de Taraschone, domicellus, Raymundus Lautaudi, Raymundus Bermundi, domicelli.

Et ego Raymundus Carvius notarius publicus Aurasice et totius terræ dictorum nobilium domini principis et Bertrandi de Baucio, *domini Curtedonis* qui predictis omnibus et singulis interfui, de mandato et voluntate dictorum nobilium domini principis et *domini Curtedonis* hanc cartam ad requisitionem dicti Bertrandi de Baucio, domini Cur-

tedonis exinde scripsi et bulla dictorum domi-
norum nobilium 'bullavi et signo hoc meo signavi.

(Original en parchemin. Archiv. de Vaucluse.
E. Fonds de la Principauté d'Orange. n° 31).

II

*Charte accordée par Bertrand et Raimond de Beaux, seigneurs
de Courthézon, aux habitants dudit lieu.*

(3 juin 1302.)

In Christi nomine. Amen.

Anno Incarnationis ejusdem millesimo tricentesimo secundo, scilicet secunda die junii. Notum
sit omnibus modernis hominibus ac futuris, quod,
convocata et congregata universitate proborum
dominum castri de Curthedone, Avinionensis diocesis, more solito, ad vocem preconii, in qua con-
vocatione et congregatione, presentes fuerunt homines inferius designati, facientes duas partes
universitatis et ultra. Predicti, inquam, homines,
nomine universitatis loci predicti, et suis nominibus, et quilibet eorum, proprio suo nomine, et eo
modo et nomine quo melius potuerunt, auctoritate et consensu nobilis viri domini Bertrandi de
Baucio, domini Curthedonis, fecerunt, creaverunt,
constituerunt et ordinaverunt universitatis pe-
dictæ suos syndicos et procuratores, ad componendum, transigendum et paciscendum, cum dicto
nobili viro domino Curthedonis , domino Bertrando de Baucio, nomine Raymundo ejus filio, et

domino Bertrando de Baucio, Dei gratia, principe Auraycæ, vel eorum quolibet, super questionibus et rancuris quos prefati nobiles, vel eorum
aliqui, movere, intendebant, vel aliqui possint,
vel poterant contra dictam universitatem vel singulares personas predictas vel e contra. Item et ad
petendum, obtinendum et habendum immunitates, libertates et franquesias a nobilibus antedictis, et eorum quolibet, et ad transigendum, paciscendum, componendum et contrahendum, super
eis, cum predictis nobilibus et quolibet earumdem
et ad prosequendum, defendendum et manu tenendum, in judicio et extra, omnes libertates, immunitales et franquesias obtinendas a dictis nobilibus, et eorum quolibet, et etiam alias quascumque libertates, immunitates et franquesias et pacta
omnium et singula, et transactiones, compositiones et conventiones, et contractus quascumque et
quoscumque, inhiendas et inhiendos, super dictis
libertatibus et franquesiis, inter dictam universitatem et personas predictas, ex una parte ; et predictos nobiles dominos Curthedonis et dominum
principem, et Raymundum de Baucio et eorum
quemlibet, ex altera ; et ad omnes causas et lites et
negotia pertinentes et pertinentia ad universitatem
predictam, vel singulares personas predictas, contra quascumque personas extraneas a dicto loco, et
etiam contra quascumque singulares personas dicti
castri, in causis et questionibus tangentibus et pertinentibus, et quæ pertineri poterunt vel possent, in
futurum, ad universitatem predictam, dum tamen

non sint, in aliquo, contra nobiles supradictos vel
eorum successores; in quo casu, dicti syndici nullam habeant potestatem nec aliquis ex eis, nisi ad
manutenendum, defendendum et agendum et alia
faciendum contra dictos nobiles et quemlibet eorum,
et eorum successores, in judicio et extra, ut supra-
dictum est, dictas libertates et franquesias et immunitates a dictis nobilibus obtinendas et pacta,
convéntiones et transactiones, super eisdem libertatibus habendas et inhiendas, inter syndicos supra
homines dictæ universitatis, ex una parte, et dictos nobiles et eorum successores, ex altera. In
quibus et pro quibus, dicti syndici, contra quascumque personas et dictos nobiles et quemlibet
eorum et eorum successores, ut supra est expressum, plenam habeant potestatem. Fecerunt, in·
quam, predicti homines et dicta universitas, ut
supra, suos et dictæ universitatis syndicos et procuratores, creaverunt et constituerunt et ordinavé-
runt, scilicet : Raimundum Giraudi, Radulphum
Sucardi, Jacobum Michaëlis et Isnardum Mondragonis et quemlibet eorum in solidum, et, pro-
toto, ita quod non sit melior conditio occupantis,
sed quod per unum ex ipsis inceptum fuerit, per
alium possit perfici et ad effectum perduci, dan-
tes et concedentes dicta universitas et personæ
predictæ, nominibus quibus supra, predictis syndicis et procuratoribus, super omnibus et singulis
supra dictis, et ad predicta pertinentibus vel spec-
tantibus, plenam et liberam potestatem agendi
defendendi, libellum et libellos offerendi et reci-

piendi, litem contestandi et, specialiter, de calump-
nia et veritate dicenda, in animas eorum jurandi,
testes et instrumenta producendi, productos repro-
bandi, sententias audiendi et appellationes prose-
quendi, judices impetrandi et eos recusandi, tran-
sigendi, contrahendi, paciscendi componendi libertates et immunitates et acquirendi, syndicum
et syndicos, procuratores alias faciendi et substi-
tuendi, dum tamen hoc faciant cum consilio et assensu Raimundi Augerii et Johannis Crapaudi et
Bernardi Balca et Guilelmi Fabri et Raimbaudi
de Marsana et Guillelmi Radulphi, quos consiliarios
constituerunt; et generaliter et specialiter omnia
singula dicendi, gerendi, agendi et faciendi quæ
ipsa universitas vel singulares personæ predictæ
dicere, agere, gerere vel facere possent in judicio
vel extra. Et volentes universitas et personæ predictæ, predictos suos syndicos et procuratores
et substitutum vel substitutos, per eos vel eorum alterum, relevari ab omni honore satisda-
tionis, promiserunt universitas et singulares personæ predictæ, michi notario infrascripto stipulanti, nomine omnium quorum interest vel interesse poterit, se gratum, ratum et firmum,
perpetuo habituras quidquid, cum dictis syndicis et procuratoribus, vel alteros eorum, vel
substitutis seu substituto, ab eis actum fuerit sive
gestum, et judicatum solvi cum omnibus suis
clausulis et quibus intererunt in judicio, tempore
ferendo, sive, si necesse fuerit, et hoc sub ypotheca
et obligatione omnium bonorum suorum et uni-

versitatis predictæ fide jubendo et principaliter se
obligando, pro predictis syndicis et procuratoribus,
substitutis ab eis, penes me, notarium infrascriptum stipulantem, nominibus quibus supra. Hoc
acto expresse, quod dicti syndici et eorum quilibet et substituti, ab eis plenam habeant et liberam potestatem levandi et exigendi sumptus a
personis predictis et indicendi collectas, pro sumptibus supradictis, et convocandi et congregandi universitatem predictam, pro pecuniis habendis, ad
explicanda negotia dictæ universitatis et personarum supradictarum et ad compellendum et co-
hercendum, per captionem et venditionem pigno-
rum, personas predictas et alias quascumque, ad
conferendum et contribuendum, pro modo facul-
tatum suarum, in dictis sumptibus, ad ar-
bitrium dictorum syndicorum, vel substitutorum ab eis, et consiliariorum predictorum. Promiserunt etiam dicti syndici et procuratores
dictis universitati et personis, se bene et fideli-
ter habituros, in predicto officio, utilia faciendo
et inutilia pretermittendo, in predictisque omnia
et singula supradicta, servare, complere et attendere perpetuo, per se et successores, predicti syndici et consiliarii et singulares personæ omnes
predictas de dicta universitate, ad sancta Dei Evangelia, ab eis sponte corporaliter tacta juraverunt.
Nomina autem dictarum personarum sunt hæc
Imbertus Gauterii, Stephanus Castellani, Petrus
Balca, Joannes Encenqui, Stephanus Paludi
Bertrandus Autranni, Bertrandus Balca, Petrus

Stephani, Marinus de Tharascone, Bertrandus Balca,Raymundus Saunerii, Bertrandus de Franchiano Durandus Gasqui, Bertrandus Fabri, Bertrandus Amgerii,Petrus Marcelli,Raymundus Saunerii,Gau fridus Simondi, Guilhelmus Transmichati, Durantus Bocherii, Guilhelmus Aymardi, Bertrandus comitis, Petrus Pelati, Bernardus Saunerii, Martinus Marcelli, Bertrandus Compaye, Guillelmus Alaudi,Guillelmus Botrai, Bertrandus Francisci, Petrus Manenta, Johannes Gasqui, Petrus Ayglina, Martinus Peyroni, Giraudus Peyroni, Johannes Castellani, Bertrandus Rostagni, Petrus Lagoara, Pontius Martini, Rostagnus Gibosi, Guillelmus Giramdi, Bertrandus Morinoni, Bertrandus Curthedonis, Giraudus Bacheti, Guillelmus Gasci, Bertrandus Portaperas, Guillelmus Mazzal, Guillelmus Bonhome, Alfantus Chausini, Bertrandus Massani, Guillelmus Mounerii, Johannes Bausilii, Bertrandus Stephani, Johannes Guignonis, Bernardus Barnoyn , Petrus Scopherii , Raymondus Surraqui Bertrandus Garini, Petrus Bartholomei, Jacobus Ruffi, Ricanus Rolandi Guillelmus Laugerius, Armandi, Sufredus, Maynoni, Johannes Boquerii, Guillelmus Raffini, Guillelmus Morieras, Petrus, Boyceti, Raymundus de Garrigis, Petrus Caqui, Bertrandus Bruni, Raymundus Guaytra, Hugo Meli, Bertrandus Textoris, Johannes Duchami, Guillelmus Transnuchati, Raymundus Jugla, Raymundus Ayrnardi, Guillelmus Guiberti, Stephanus Monachi, Bertrandus Brotoni, Radulphus Bonelli, Johannes Motti, Johannes Marcelli, Ber-

trandus Bollani, Pontius Boquerii, Gaufridus Odoli
Rollandus Silvestri, Johannes Peironi, Pontius Gas-
qui, Rostagnus Guiberti, Guillelmus Caylla,
Petrus Stella, Stephanus Barnogui, Bertrandus
Pollatii, Raymundus Bajuli, Bertrandus de
Vaudronia, Petrus Compangna, Petrus Bajuli,
Bertrandns Giraudi, Petrus Comolatii, Bertran-
dus Gentili, Guillelmus Faure, Guillelmus Angerii,
Pontius Ayglina, Stephanus de Robione, Guillelmus
Aycardi, Guillelmus Garnerii, Guillelmus Olivarii,
Guillelmus Chabrerii, Guillelmus Bonelli, Paschalis
Raimberti, Rostagnus Nicholay, Johannes Mar-
celli, Johannes Scrivani, Robertus Sabaterii, Gon-
tardus Borgesii, Johannes Merleti, Andreas Bou-
cosati, Johannes Merleti, Andreas Boucosati, Jo-
hames Caysi, Bertrandus Malcori, Bertrandus Bro-
toni; Bertrandus Garnerii, Guillelmus Boque-
rii, Rostagnus Malmundi, Stephanus Jaliani,
Matheus Gontardi, Crestinus Bessonis, Isnardus
Amberti, Petrus Giraudi, Pontius de Massana,
Guillelmus Faleri, Pontius Ribaudi, Rostagnus
Lagoara, Petrus Chaboti, Guillelmus Ostalec,
Raimundus Bernardi, Johannes Miera, Raimun-
dus Lautardis, Bertrandus Giraudi, Isnardus
Annona, viella, Poncius Brodelli, Petrus Bausca,
Bertrandus Giraudi, Johannes Raffini, Guillemus
Engronnati, Petrus Caylla, Rostagnus Mauchana,
Petrus Brondelli, Guisti Bochardi, Raimundus
Calvarati, Petrus Gale, Hugo Maynardi, Bertran-
dus Chaverii, Guillelmus Radulphi, Johannes
Caro, Johannes Macelli, Petrus Clauelli, Jo-

hannes Enguilvini, Symeon Roca, Bartholo-
meus Martini, Bertrandus Benedicti, Raimundus Partaperas, Raimundus Giraudi, Johannes
Bonifatii, Guillelmus de Massana, Johannes Crapaudi, Hugo Picaroni et Guillelmus Rebulli
Super predictis autem omnibus et singulis, dictus dominus Curthedonis, auctoritatem suam in-
terposuit sollempniter pariter et decretum. De
quibus omnibus et singulis supradictis et etiam
infrascriptis, dicti syndici et consiliarii et singulares personæ predictæ dictæ universitatis, et etiam
ipsa universitas, nominibus supradictis, et etiam
quilibet eorum, nomine suo proprio, petierunt
sibi et cuilibet eorum, fieri publicum instrumentum et publica instrumenta, unum vel plura, per
me Guirannum de Aquis, notarium infrascriptum
et etiam per magistrum Johannem Fabri, notarium Curthedonis infrascriptum.

Acta fuerunt hæc apud Curthedonem, in curte
fortalitii dicti castri. Testes vocati et rogati fuerunt
ad hoc, presentes, dominus Guillelmus de Castronovo, juris peritus, de Aurayca, dominus Johannes Fabri, sacerdos, de Curthedone, Giraudus de
Carumbis, domicellus, magister Guillelmus Leyrali
et magister Johannes, Fabri, notarius Curthedonis.

Post, eodem anno quo supra, scilicet quarta die
Junii, Rostagnus Roberti, Andreas Fabri, Isnardus
Chaboti et Johannes Boquerii, Bertrandus textoris, Petrus Sabaterii, Guillelmus juvenis, Raimundus Radulphi, Raimundus Velerii, Clemens Bor-

gondioni, Bernardus Clavelli, Isnardus Blanci, Christoforus Carumpi, Johannes Spinæ, Guillelmus Alansoni, Johannes Boquerii, Guillelmus Compangne, Giraudus Maynardi, Petrus Bernardi, Rostagnus Monjovis, Daniellus Guillelmus Giberti, Guillelmus Armandi, Pontius Alvernatii, Petrus Gibosi, Johannes Isnardi, Guillelmus Blanci, Bertrandus Sabaterii, Michaelis de Vandrova, Johannes Surraqui Pontius Ancelli, Guillelmus Code, Richerius Alberti, Guillelmus Boverii, Petrus Guibert Raimundus de Monjovis, Genesius Hugoleni, Guillelmus Garini, Bertrandus Annonaviella Bertrandus Boquerii, Hugo de Cigoterio, Ferrarius Audemarii, Dalphinus Blanca, Petrus Mollani, Ricardus Ricardi, Petrus Alehre, Guillelmus Blanca Joannes de Mausana, Petrus Albangirani, Guillelmus Gentil, Petrus Picaroni, Rostagnus Farey, Bertrando Enguilvini, Andreas Radulphi, Petrus Begou, Guillelmus de Garrigis, Bertrandus Compangna et Guillelmus Enguilovin. Predicti, inquam, probi homines, de Curthedone et quilibet eorum, in solidum, et, pro toto, et de voluntate, auctoritate, et expresso assensu dicti domini Curthedonis presentis, certiorati et certificati singulariter et distincte, de syndicatu predicto et omnibus et singulis in eo contentis, per me notarium infrascriptum deliberato, proposito et consulto, sub modo et forma et conditionibus supradictis, sub quibus dicta universitas dictorum proborum hominum dicti castri, et singulares personæ predictæ dictæ universitatis, predictos Raimundum Giraudi et Radulphum Sucardi, Jacobum Michael et Isnardum Mondragonis et quemlibet eorum, in solidum, syndicos et procuratores suos, et dictæ universitatis, fecerunt, constituerunt et ordinaverunt nunc, auctoritate et assensu dicti domini Curthedonis presentis, fecerunt, constituerunt, et ordinaverunt et creaverunt eosdem et quemlibet eorum, in solidum, et, pro toto, ad id quod supra, ita quod non sit melior conditio occupantis, ad quod per unum, vel duas, vel plures ex ipsis, inceptum fuerit, per alium, vel alios possit et valeat explicari, relevando ipsos et quemlibet eorum et substitutorum et substitutos ab eis, vel eorum altero, ut supra, per universitatem predictam et singulares personas predictas fuerant relevati et judicatum solvi promiserunt cum omnibus suis clausulis et quibus intererunt, tempore ferendæ, sive, si necesse fuerit, et hoc, sub ypotheca et obligatione, omnium bonorum suorum presentium et futurorum, et universitatis predictæ fidejubendo, et principaliter se obligando, pro predictis syndicis et procuratoribus et substituto et substitutis ab eis, vel eorum altero, penes me notarium infrascriptum stipulantem et recipientem, nomine et vice dictorum nobilium et cujuslibet eorum, et etiam omnium aliorum, quorum interest, intererit vel interesse poterit.

Quæ omnia et singula supradicta sic tenere, attendere et complere et contra in aliquo non venire, de jure vel de facto, per se vel per alium, super sancta Dei evangelia, ab ipsis sponte corporaliter tacta, juraverunt. Et, de predictis, petierunt sibi et cuilibet eorum, fieri publicum instrumentum et publica instrumenta, unum vel plura. Actum fuit hoc in castro Curthedonis, scilicet, in plano, ante fortalitiam dicti castri. Testes interfuerunt, ad hoc presentes, dominus Guillelmus de Castronovo, juris peritus, Dominus Johannes Fabri, presbyter, Bertrandus Cogorda de Aurayca.

Post quæ, anno quo supra, scilicet, quinta die junii, super causis, questionibus, rancurris, libertatibus, immunitatibus et franquesiis antedictis, quas universitas predicta et singulares personæ predictæ, se habere et habere debere dicebant, dictis domino Curthedonis et domino principe et Raymundo de Baucio, contrarium asserentibus, tandem, post multos tractatus habitos, pro bono pacis et concordiæ, ad observantiam vinculi et obligationis consistentis, inter dictum dominum Curthedonis, et dominum principem et Bertrandum de Baucio supradictos, et universitatem et singulares personas loci predicti, et pro reformatione et statu bono reipublicæ predicti loci de Curthedone, pacto transactionis sollempni, stipulatione vallato, et aliis vinculis infrascriptis solempniter roborato ;

Convenit primo, inter dictum nobilem dominum Bertrandum de Baucio, dominum Curthedonis, nomine suo et successorum suorum paciscentem et solempniter transigentem cum syndicis et procuratoribus supradictis, nominibus quibus supra, ex parte una, et predictos syndicos et procuratores universitatis et singularum personarum loci predicti, de consilio et assensu dictorum consiliorum

paciscentes et transigentes, suis nominibus, et nomine universitatis predictæ, et singularum personarum ejusdem, et nomine etiam singularium
personarum presentium et futurarum habentium
vel quæ habebunt etiam, in futurum, res mobiles
vel immobiles, vel se moventes, in dicto castro de
Curthedone, vel ejus territorio seu districtu, et
Barbayratii et Garrigarum, cum dicto nobili Bertrando de Baucio, domino Curthedonis ex altera ;
ita videlicet quod prefatus nobilis dominus Curthedonis, per se et successores suos, in infinitum,
dedit, cessit et concessit, ex causa transactionis
predictæ, dictis syndicis et procuratoribus presentibus, recipientibus et solempniter stipulantibus,
nominibus quibus supra, et universitati predictæ,
et singularibus personis predictis, et eorum successoribus, in infinitum, et in perpetuum, libertates, immunitates et franquesias et res infrascriptas et jura infrascripta :

Videlicet : quod universitas et singulares personæ
predictæ et earum res, in perpetuo, sint immunes
et liberæ et libertatem plenam habeant in personis suis et rebus, in capitulis infrascriptis. Videlicet : quod dictus dominus Curthedonis, vel ejus
successores, nunquam possint, neque debeant universitati predictæ, vel singularibus personis predictis, indicere vel facere aliquam collectam, ques-
tam, indictum, vel superindictum, forssitam et fors-
satum imponere eisdem, vel ascribere, vel aliquid
adempre formatum ab eis exigere, neque pro filiabus, vel aliis ejus liberis, maritandis vel mona-

chandis, vel sua militia, vel filiorum, vel aliorum
ejus liberorum suorum, vel pro emptione rerum
aliquarum, si contingeret dictum nobilem terram
vel res alias emere, vel pro transitu transmarino,
vel pro eundo ad Imperatorem vel Regem aliquem,
vel alium principem quemlibet, nec etiam aliqua
ratione, occasione seu causa, ab eis vel eorum aliquo invitis, exigere, recipere vel habere rem aliquam. Et specialiter et expresse, quod, pro dicto
nobili, vel ejus successoribus, vel heredibus, universitas supradicta vel personæ predictæ, non teneantur, inviti, fidejubere vel se, ut principales,
vel alio modo quocumque, vel res suas, alio vel
aliis, in aliquo obligare, nec alienam obligationem
aliquam, factam vel faciendam in se recipere vel
habere. Et quod illi de Curthedone probi homines
qui, pro dicto nobili, fidejussorio nomine, vel
quolibet alio modo, sunt obligati, vel eorum bona,
in presenti, quod per dictum nobilem, vel ejus liberis, si pro illis obligati existant, a dicta obligatione, infra mensem, totaliter debeant liberari. Et
idem fiat si ad mandatum dicti nobilis pro aliis se
obligaverint.

Item vicesimam vel decimam vel aliam partem
aliquam fructuum vel rerum suarum, ratione sub-
sidii vel adjutorii, dare non teneantur, vel equos
armatos vel alios facere, tenere, vel suscipere, vel
recipere universitas predicta, vel singulares personæ predictæ, numquam, aliquo tempore, vel loco,
dicto nobili, vel ejus successoribus teneantur, nisi
equi armati vel alii hospitum fuerint, quos, ut
consuetum est, recipere teneantur.

Item, quod dictus nobilis vel ejus successores, vel officiales sive gentes ejus, in dicto loco vel ejus territorio, vel districtu, vel locis aliis supradictis, interdictum vel decretum, de blado non extrahendo, vel immittendo, vel introducendo de locis predictis, vel ad loca predicta, numquam facere valeant, nisi ad requisitionem majoris et sanioris partis hominum dicti loci; sed concessit quod possint, universitas et singulares personæ predictæ et aliæ, bladum, vinum et res quascumque alias, de locis predictis extrahere, vel ad loca predicta immittere, vel adducere, et, ad loca quæ voluerint quecumque illa sint, libere exportare vel exportari facere, quocumque modo, vel quacumque forma, et quocumque tempore eis placuerit, vel videbitur faciendum, dum tamen non fuerint inimicorum dictorum nobilium qui sint notorii hominibus dicti loci.

Item quod si contingat prefatum nobilem, vel ejus successores, officiales sive gentes, a predicta universitate vel ab aliqua persona quacumque, in locis predictis, vel eorum aliquo, emere vinum, bladum, pannos vendibiles, ferrum, coria, carnes quæ in mascellariis venduntur, vel animalia, quod antequam rem emptam recipiant, vel habeant, ipsum pretium conventum rei integraliter, et in pace, et sine dilatione aliqua, solvant ; et teneantur satisfacere venditori, et antequam sit satisfactum, ipsam rem emptam non accipiant, nec per vim vel metum, vel coactionem aliquam, ab aliqua persona, rem aliquam, de predictis aufferant vel

accipiant, occupent vel invadant, nec personam
aliquam, ad vendendum rem aliquam de predictis,
cohercere vel artare possint, vel valeant, nec in
rebus aliquibus, de predictis, certum pretium sta-
tuere ; sed quos quælibet persona, res quascumque
vendere possit, et, super rebus quibuscunque, libere contrahere juxta suam omnimodam voluntatem.

Item patua et pascua patuorum omnia locorum predictorum, universitati predictæ et personis predictis, expedita et libera perpetuo remaneant
et eis uti possint et, in ipsis, sua animalia immittere et alia ibidem facere universitas et personæ
predictæ, juxta eorum omnimodam voluntatem ;
nec dictus nobilis vel ejus successores, patua vel
pascua hujus modi supradicta, vel eorum partem
aliquam, sive locum, sibi appropriare valeant, vel
habere, vel aliis dare, vel concedere, quoquo modo,
excepta tamen et data, per dictum dominum Curthedonem, in emphitheosim, quæ in suo statu
debeant remanere.

Item quod non teneantur, lectos sive raubam lectorum, accommodare dicto domino Curthedonis,
seu ejus liberis, seu aliquibus de sua familia, in
dicto castro habitantibus, vel extra, ad usum aliquem eorumdem, ullo unquam tempore, nisi cum
contigerit dictum dominum Curthedonis vel
suos, comites, barones, seu alios nobiles, in hospites, in fortalitio dicti castri, habere ; in quo casu,
tunc populares personæ teneantur accommodare
lectos superfluos, si quos haberent vel habebunt

populares personæ, ita quod hospites supradicti utantur, vel uti possint, lectis predictis, tam diu quamdiu in loco de Curthedone erunt, sed hospitibus discedentibus de loco predicto, dominus dicti loci Curthedonis teneatur restituere lectos predictos et raubam lectorum, incontinenti et sine dilatione, illis personis a quibus habuerit raubam predictam, seu lectos predictos. In domibus autem propriis, populares personæ dicti loci, a quibus tunc temporis, lecti seu rauba lectorum recepta seu habita non fuerint hospitibus dicti domini Curthedonis , lectos teneantur facere juxta modum et usum antiquitus consuetum.

Item quod mensuræ et pondera, ut hactenus est consuetum, penes universitatem hominum dicti loci debeant conservari et custodiri, seu penes illum penes quem homines dicti loci duxerint ordinandum ; et quod libere valeant mensurare res suas et ponderare, absque aliquo comodo et salario alicui personæ prestando, pro mensuratione et ponderatione predictis.

Devetum autem sive bannum vini, observatum vel obtemptum per dominum Curthedonis, omnino sit cassum et vacuum, nec unquam, in posterum, observari vel fieri possit, vel debeat, sed, in hoc, universitas predicta et personæ predictæ et loca predicta, perpetua gaudeant libertate.

Item fuit condictum et conventum inter partes predictas, quod, ad requisitionem syndicorum et consiliariorum, vel majoris partis eorum loci predicti de Curthedone , vel locorum predictorum, dominus Curthedonis, vel ejus officiales teneantur et debeant parlamentum et universitatem predictam convocare et congregare, ad syndicum vel syndicos, procuratorem et procuratores faciendos, ad prosequendum et defendendum conventiones predictas et omnia et singula supradictas et infrascriptas et ad agendum et defendendum jura predicta contenta et expressata. Dominus Curthedonis vel ejus bajulus seu judex, sine dispendio et gravamine quolibet, et sine sumptibus quibuscumque, decretum et autoritatem suam debeant interponere. Quod si predicti dictus dominus Curthedonis vel ejus bajulus, vel judex facere negligeret, vel differet, quoquo modo, per decem dies, postquam fuerit requisitus, quod ex tunc in antea, prius requisito dicto domino principe, et, per alios decem dies, in negligentia existente, dicta universitas, autoritate sua propria, et sine licentia domini Curthedonis et ejus curiæ seu domini principis, se congregare valeat, et syndicum vel syndicos vel procuratores facere, secundum modum predictum et, ad predicta et infrascripta, et juxta suam omnimodam voluntatem, juxta modum et formam syndicatus predicti.

Item quod sindici predicti, una cum consiliariis predictis, ad sonum campanæ, vel aliter possint convenire libere et impune, quolibet loco et tempore, pro tractandis negotiis dictæ universitatis, quacumque curia seu persona minime requisita.

Item fuit actum, concordatum et inter partes ipsas condictum sollempniter, quod si syndici dictæ

universitatis, nomine suo et dictæ universitatis, vel
procuratorio nomine singularium personarum, vel
aliqua singularis persona conqueratur vel conque-
rantur, quod nobilis ipse vel ejus successores qui,
pro tempore, fuerint domini Curthedonis, presentem compositionem, in toto, vel in parte, non ser-
vaverint et, propter hoc, dicti syndici, nomine suo
et nomine dictæ universitatis, vel procuratores
singularum personarum vel personæ ipsæ singulares, vel aliqua de ipsis, de hoc, domino Curthedonis primitus requisito, deponant querimoniam
coram dicto domino Principe ; quod ipse dominus
Princeps, super dictam querimoniam examinan-
dam et decidendam debeat dare aliquam bonam
personam, pro judice, suspitione carentem; sive
agatur ad penam commissam, sive tenendam compositionem et servandam, sive petatur dampnum
vel interesse, pro compositione non servata ; et
cognitio querimoniæ predictorum et cujuslibet
eorum et definitio fiat, in Aurayca, simpliciter et
de plano, sine scripto judicii, et figura qualibet,
et sine scriptis et infra mensem, computandum a
tempore querimoniæ factæ, et quod penæ com-
missæ medietas sit domini principis, altera vero
conquerentis.

Item fuit condictum et conventum inter partes
predictas, et, nominibus quibus supra, quod in supradictis omnibus casibus expressatis et dictis,
universitas predicta et singulares personæ ejusdem
et eorumdem successores, juxta formam premis-
sam, perpetua omnimodo gaudeant libertate.

Ex causa autem compositionis et transactionis
predictæ, et, propter predicta, syndici et procuratores predicti dare debuerunt et convenerunt dicto
domino Curthedonis, triginta millia solidorum coronatorum, quam pecuniæ quantitatem, incontinenti, dictus dominus Curthedonis confessus fuit
et, in veritate, et ex certa scientia, recognovit, dictis syndicis et procuratoribus stipulantibus nominibus quibus supra, se habuisse et integre rece-
pisse a dictis syndicis universitatis et personis
predictis. Et renunciavit dictus dominus Curthedonis exceptioni non numeratæ pecuniæ supra-
dictæ, et exceptioni doli et, in factum, et conditioni
sine causa. Et predictam transactionem, compositionem et omnia et singula supradicta et infrascripta servare, tenere, adimplere per se et successores omnes suos, dictus dominus Curthedonis
promisit et juravit, ad sancta Dei evangelia, dictis
syndicis et procuratoribus, recipientibus et stipulantibus, nominibus quibus supra, sub obligatione
omnium bonorum suorum et sub pena centum
marcarum arginti fini ; quam penam, dictus dominus Curthedonis dare et solvere promisit, pro
medietate, dictis syndicis et procuratoribus, stipulantibus nominibus quibus supra, et, pro alia medietate, michi notario infrascripto, tanquam publicæ personæ, stipulanti et recipienti, vice et nomine et ad opus domini principis Auraycæ et, per
me, domino principi supradicto, si contingat dictum dominum Curthedonis non observare predicta, vel dicere vel facere aliquid contra predicta

vel aliquod de predictis. Hoc acto expresse, quod
pena predicta possit et debeat committi et committatur et exigatur semel, secundo et pluries et
totiens, quotiens dictus dominus Curthedonis,
contra predicta, vel aliquid de predictis, aliquid
dixerit, vel fecerit, vel noverit. Et pro pena predicta
commissa et exacta atque soluta, semel, secundo
et pluries, mihilominus omnia et singula supradicta et infrascripta firma remaneant et perpetuo
observentur.

Hoc acto etiam expresse et in factum deducto,
inter partes predictas, quod quandocumque et
quotienscumque mutari contingerit dominum
Curthedonis, vel locorum predictorum, quod, in
mutatione domini Curthedonis, novus dominus
qui in predi.tis locis veniet, in adventu suo, requisitus, infra quindecim dies, per syndicos dicti loci,
convocata et congregata universitate predicta, palam et publicè promittat et juret sollempniter universitati predictæ, et, sub pena predicta et in presentia ejusdem, per se et successores suos et officiales et gentes, servare, tenere, adimplere omnia
et singula supradicta et infrascripta et, contra predicta vel aliquid de predictis, non venire vel aliquid dicere, vel facere.

Hoc acto etiam expresse, quod officiales omnes
domini Curthedonis, constituti vel constituendi in
locis predictis, scilicet vicarius, bajulus, judex, et
quicumque alii officiales, juridictionem habentes
vel exercentes, qui nunc sunt, vel erunt in futurum, incontinenti cum erunt creati et, antequam

suum officium exercere incipiant, jurent sic sicut dictum est, de domino Curthedonis, servare, tenere et adimplere omnia et singula supradicta et contra predicta, vel infrascripta, nihil facere vel dicere.

Hoc etiam acto expresse, quod si contingeret dominum Curthedonis, vel ejus officiales, nolle promittere et jurare observantiam predictorum et predicta omnia et singula, sic sicut superius sunt expressa, quod universitas et singulares personæ locorum predictorum, non teneantur prestare sacramentum fidelitatis domino Curthedonis, nec etiam dictis officialibus vel magistratibus predicti domini Curthedonis obtemperare, in aliquo, quousque predicta promiserint et juraverint, ut dictum est supra. Hoc etiam acto, quod dictus dominus Curthedonis faciat et procuret, cum effectu, et facere et procurare teneatur et debeat quod dominus princeps Auraycæ et Raimundus de Baucio, filius domini Curthedonis, omnia et singula supradicta approbent, et confirment et per se et successores suos, servare cum juramento, corporaliter prestito, promittant. Et quod dominus Princeps Auraycæ se et successores suos obliget quod quicumque erit Princeps, in Aurayca, in principio suæ promotionis seu regiminis, quam primum in Curthedonem ingredietur, omnia et singula supradicta facere observari et adimpleri promittet et jurabit universitati predictæ vel syndicis ejusdem. Post quæ, predictus Raimundus de Baucio, filius dicti domini Curthedonis, certificatus et cer-

tificatus et certioratus de omnibus et singulis supradictis, predicta omnia et singula laudavit, approbavit et confirmavit; et, per se et successores
suos, firmiter et in perpetuum, tenere, observare
et adimplere promisit dictus Raimundus et, ad
sancta Dei Evangelia, ab eo sponte corporaliter
tacta, juravit dictis syndicis et procuratoribus, stipulantibus et recipientibus nominibus quibus supra, astringendo se et obligando ad penam predictam et ad omnia alia superius expressata.

Post predicta, dictus dominus Princeps certificatus et certioratus de omnibus et singulis supradictis et infrascriptis, omnia et singula supradicta
laudavit, approbavit et confirmavit dictis syndicis presentibus et, ut supra, stipulantibus
et recipientibus ; et ea per se et suos successores firmiter et in perpetuum facere teneri et
observari promisit, salvo tamen jure majoris
domini, si jus aliquid in predictis reperiretur ha
bere ; et ad sancta Dei Evangelia, ab eo sponte et
corporaliter tacta, juravit dictis syndicis, procuratoribus presentibus ut supra stipulantibus et recipientibus.

Promittentes etiam, ex pacto et ex certa scientia,
sollempni stipulatione vallato, et per juramentum
ab eis corporaliter prestitum, nobiles antedicti,
scilicet, dictus dominus Curthedonis et dictus
dominus Princeps Auraycæ et Raymundus de
Baucio, filius dicti domini Curthedonis, in
omnibus et singulis supradictis et infrascriptis et quilibet eorum, se nichil dixisse vel fecis-

se nec facturos, tractaturos vel procuraturos per se
vel per alium, directo vel per obliquum, principaliter vel incidenter, quominus presens instrumentum et obligatio et omnia singula in eo contenta validam et sollempnem obtineant roboris
firmitatem. Promittentes dolum, malum abesse ab-
futurumque esse in omnibus et singulis supra et
infrascriptis. Et cupientes omnia et singula supradicta sollempnia et valida efficere, voluerunt
quod omnia et singula supradicta et infrascripta
habeant et ubique obtineant vigorem et virtutem
sententiæ deffinitivæ, quæ in rem judicatam trans-
ivisset, et post cujus probationem, tempora qua-
drimestria forent lapsa quæ non posset beneficiis,
subsidiis vel remediis, appellationis, provocationis
recursus vel nullitatis revocari, infringi, sus-
pendi vel annulari. Renunciantes, ex pacto
juris revocandi, exipiendi vel replicandi ob erro-
rem facti vel juris et beneficiis appellandi, pro-
vocandi, reclamandi et recurrendi ad arbitrum
boni viri et petitioni et oblationi libelli et sym-
plicis petitionis et omni privilegio fori, priveli-
gio etiam crucis signatorum, omnibusque litteris
papalibus et regalibus et alliis omnibus et privilegiis omnibus et rescriptis concessis vel concedendis, impetratis et impetrandis, justitiam vel
gratiam continentibus, inclusis in corpore juris et
non inclusis et cuilibet juri municipali statutorio et
consuetudinario, speciali vel generali, cujuslibet
loci et terræ et beneficio restitutionis, in integrum,
et speciali vel generali clausula petendo, et exceptio-

nibus,moratoriis,declinatoriis,peremptoriis et aliis auxiliis ordinariis et extraordinariis et demum cuilibet juri canonico et civili, promulgato et promulgando, quorum pretextu, contra predicta vel aliqua de predictis possent se nunc vel inantea adjuvare et,translato hujus instrumenti et nostræ ejusdem et inspectioni, lectioni et recitationi eorum paciscentes sollempniter quod ipsum non petent in actis reddigi, ita quod in formam actorum nec aliquo modo possint nec debeant copiam habere ipsius, volentes etiam presentem obligationem et omnia et singula supradicta, proinde haberi ac si foret per ipsos et eorum quemlibet sollempni pacto renunciatum singulariter et distincte omnibus juribus, beneficiis et auxiliis, quæ excogitari vel exprimi possent, ita quod si quid in contrarium allegarent judiciorum adhibitus eis claudatur et audientia denegetur.

Post quæ, ex causa transactionis et compositionis predictæ, convenerunt dicti syndici, nomine universitatis predictæ, cum dicto domino principe, quod homines universitatis dicti loci de Curthedone non teneantur dare dicto domino principi, nec suis successoribus, aliquam partem rerum suarum ratione alicujus adjutorii vel auxilii, nec in hominibus dicti loci seu qui, pro tempore, ibidem fuerint, aliquam thalliam possit facere dictus dominus princeps vel sui successores, nec indicere, ratione suæ militiæ, vel aliquorum liberorum suorum, nec pro maritandis seu monachandis filiabus suis, seu aliqua eorumdem, ymo, ex causa dictæ compositionis et transactionis, concessit dictus dominus princeps, per se et suos, in posterum successores, et convenit, cum dictis syndicis stipulantibus et recipientibus, nomine universitatis predictæ, quod homines predictæ universitatis a thalliis seu quistis faciendis, in casibus supra expressis, et aliis quibuscumque, perpetuo sint immunes et perpetua gaudeant libertate, acquitando dictus dominus princeps, per se et suos successores, dictos syndicos presentes et recipientes, nomine universitatis dicti loci, a thalliis seu quistis omnibus faciendis, in loco predicto, et jure et servitate faciendi thallias seu questas, in casibus supradictis, et aliis quibuscumque, in hominibus dicti loci qui nunc vel pro tempore fuerunt in eodem.

Item, ex causa compositionis et transactionis predictæ, promiserunt dicti syndici dare, domino principi, quinque millia solidorum et triginta et quatuor libras coronatorum nunc currentium, de quibus se tenuit idem dominus princeps, pro paccato et ipsos syndicos, nominibus quibus supra stipulantes et recipientes, et eorum hercdes, et bona et per ipsos, dictam universitatem et singulares personas dictæ universitatis, et eorum heredes et bona presentia et futura, quitos et quita inde clamavit, in perpetuum et absolvit; et pactum de non petendo alterius aliquid, inde eis facit et suis exceptioni predictæ peccuniæ ab eodem domino principi, ut profitebatur, ex causa predicta non habitæ et non numeratæ et non receptæ et spei futuræ numerationis et traditionis et exceptionis, doli et, in factum, et conditioni sine causa et cuilibet alii ex pacto et ex certa scientia renuncians.

Et, ex causa ejusdem compositionis et transactionis, dictus dominus princeps, per se et successores suos, remisit et concessit eisdem syndicis presentibus, stipulantibus et reciprentibus, nomine dictæ universitatis, et michi notario infrascripto, tanquam publicæ personæ stipulanti et recipienti, nomine universitatis predictæ et singularium personarum dicti loci, quæ nunc sunt, vel pro tempore, fuerunt, omnia jura, actiones, rationes, quæ et quas habebat vel habere poterat seu debebat, in castro predicto, et in hominibus dicti castri, ratione thallias seu quistas faciendi, seu indicendi, in casibus supra expressis et aliis quibuscumque. Quæ omnia et singula supradicta et infrascripta, dictus dominus princeps, per se et suos successores, eisdem syndicis presentibus et recipientibus, nomine quo supra, attendere et complere et contra, in aliquo non venire, de jure vel de facto, per se nec per aliquam interpositam personam, in judicio vel extra, per stipulationem sollempnem et, sub obligatioue omnium bonorum suorum presentium et futurorum, promisit et juravit, ad sancta Dei Evangelia, ab ipso sponte corporaliter tacta, et, sub pena centum marcharum argenti, quam dare et solvere promisit, per se et suos, dictus dominus princeps, si contingeret, quod absit, ipsum vel suos in aliquo venire contra predicta vel aliquid de predictis et quod dicta pena totiens committatur et

commissa exigi valeat per dictos syndicos vel alios
quibus per eosdem datæ essent dictæ penæ quotiens
per dictum dominum principem vel suos aliquid
de jure vel de facto contigerit fieri contra supra
et infra conventa vel aliqua de predictis vel infra
scriptis et quod pena commissa semel et pluries et
exacta, conventiones et transactiones et alia supra
scripta et infrascripta in sua remaneant perpetuo
roboris firmitate. Et si contingeret dictos syndicos
agere contra dictum dominum principem vel suos
successores, ad penam commissam vel ad transactionem supra habitam servandam vel ad interesse
vel ad aliqua dependentia vel pertinentia ad predicta, promisit dictus dominus princeps, per se et
suos, eisdem syndicis, et michi notario infrascripto, ut supra stipulantibus, non petere libellum nec
aliquam simplicem petitionem sibi offerri vel in-
dici, in scriptis nec in actis reddigi, nec aliqua
scriptura fieri, nec copiam actorum nec copiam
hujus instrumenti vel notæ, nec delationem viginti
dierum nec dicet instrumentum falsum nec plus
scriptum fuisse quod recitatum ; ymo hoc presens
instrumentnm et supradicta et infrascripta, vices
habeant rei judicatæ et cujus tempora quadrimes-
tria sunt elapsa, ita quod, penes quemlibet judicem
exhibita, executioni mandari debeant et per quemlibet judicem, super hoc requisitum ; renuncians,
specialiter et, per pactum, beneficio omnium predictorum. Et si contingeret contra ipsum vel suos
pro predictis ferri sententiam aliquam vel executionem fieri, promisit, per factum, eisdem syndicis

ac michi notario infrascripto, presentibus et supra stipulantibus et recipientibus, dictus dominus princeps, per se et suos, quod non appellabit nec dicet sententiam seu executionem nullam seu annullando, pretextu alicujus exceptionis, nunc vel in posterum, competentis sibi juris scripti vel non scripti, seu alicujus statuti privilegii impetrati seu impetrandi, renuncians specialiter et, per pactum, beneficio omnium predictorum. De quibus omnibus et singulis supradictis et infrascriptis, etiam de syndicatu predicto et contentis in eo, dictus dominus Curthedonis et dictus dominus princeps et Raymundus de Baucio et syndici et consiliares predicti, nominibus suis propriis, et nomine dictæ universitatis et singularium personarum ejusdem, et quilibet eorum, petierunt sibi et cuilibet eorum et etiam singularibus personis dictæ universitatis, fieri publicum instrumentum et publica instrumenta, unum vel plura, per me Guirannum de Aquis, notarium infrascriptum et etiam per Johannem Fabri, notarium Curthedonis.

Acta fuerunt hæc, apud Curthedonem, in aula fortalitii dicti castri. Testes fuerunt presentes dominus Guillelmus de Castronovo et dominus Petrus de Aquis, jurisperiti, de Aurayca, Giraudus de Carumbis et Raymundus de Cadeneto, de Podioleno, Guillelmus Laugerii, de Gigondatio, Bertrandus Imberti, de Sancto Pauleto, Rostagnus, de Arelatis, de Bagneolis, dominus Johannes Fabri, presbiter, Bertrandus Cucurbita, de Aurayca, et dictus magister Johannes Fabri, notarius Curthedonis.

Et ego Guirannus de Aquis publicus, auctoritate imperiali ac civitatis Avinionensis et dicti castri de Curthedone notarius, predictis omnibus presens fui, qui, de voluntate, mandato et requisitione dictarum partium, et specialiter, ad requisitionem et postulationem dictorum syndicorum et consiliariorum, hanc cartam scripsi. Et quia in meo pergameno comode capi non posset, tria pergamena ad invicem juncta et ligata apposui, quorum scilicet primi pergameni secunda linea incipit *Hominum* et finit: *Et ultra*. Ultima vero linea ejusdem pergameni incipit: *Vel adjutorii* et finit: *Equi*; secundi vero pergameni prima linea incipit: *Armati* et finit *Supradictis*.. Ultima vero linea dicti secundi pergameni incipit: *Quinque* et finit: *Heredis*. Tertii vero pergameni prima linea incipit: *Et bona* et finit: *Posteri*. Et ad majorem firmitatem et corroborationem predictorum in ligaturis dictorum pergamenorum signa mea apposui et signo meo consueto signavi.

(Original: Parchemin: Archives de Vaucluse E. Liasse Courthézon. — Archives communales de Courthézon. Cartul. pièce 1. Copie Archives de Vaucluse E. Principauté d'Orange.)

III

Concession par Raymond de Baux, seigneur de Courthézon, à Pierre Ancelini de Florence, des privilèges de noblesse, à Courthézon, pour six ans.

(21 octobre 1327).

Anno Domini millesimo trecentesimo vicesimo septimo, scilicet die xxi mensis octobris.

Notum sit quod, in presentia mei Raymundi Augerii de Curthedone, notarii-infrascripti, et testium subscriptorum, vir illustris et magnificus vir dominus Raymundus de Baucio, miles, dominus Curthedonis predictus recepit et recollegit in hominem suum et hominem universitatis nobilium de Curthedone, Petrum Anselini de Florensia, presentem et solempniter recipientem, suo nomine proprio et ejus uxoris futuræ, liberos ipsius quoscumque natos et nascituros, procuratores, factores et negociatores, gestores ejusdem et ipsius familiam cujuscumque gradus seu conditionis existat. Et eum Petrum in suum recepit et recollegit idem dominus Curthedonis et sub ejus salveria, defensione, tuitione, protectione et per terram totam suam, sub fideli guidagio et conductu, cui Petro prefato presenti et recipienti, suo nomine proprio et nomine uxoris suæ futuræ liberorum ejusdem natorum et nasciturorum, procuratorum, factorum et negociatorum gestorum ejusdem et familiæ ipsius cujuscumque et ad cautelam mihi dicto notario et infrascripto, tanquam publicæ personæ et

nomine absentium predictorum et per nos eisdem
absentibus per totum tempus infrascriptum et
etiam inferius designatum seu etiam expressatum,
dedit et expresse concessit in universum, omnes et
singulas libertates, immunitates, franquesias et
privilegia quascumque et quæcumque concessas et
concessa, in preteritum, per eumdem dominum
Curthedonis et predecessores suos vel concedendas
seu concedenda in futurum per prefatum dominum
Curthedonis et heredes seu successores suos universitati nobilium hominum et personarum et
culibet nobili personæ singulariter dicti loci ; con-
cedendo etiam dicto Petro stipulanti et recipienti
suo nomine proprio et suorum liberorum natorum
et nasciturorum, procuratorum familiæ cujuscunque ipsius et negociatorum et mihi notario infrascripto, tanquam personæ publicæ stipulanti et
recipienti, vice et nomine dictorum absentium
omnium et singulorum et per nos eisdem absentibus et cuilibet eorum 'singulariter et, divisim,
quod prefatus Petrus et sui absentes predicti, in
terra prefati domini Curthedonis nunc et futura
stare poterit et morari ac etiam negociari ; omnes,
inquam, franquesias libertates, immunitates ac
privilegia universitatis nobilium de Curthedone
concessas et concessa, scilicet hac generali clausula
haberi volui. Idem dominus Curthedonis pro in-
tellectis et specificatis idem dominus Curthedonis
quod per eum stabat quominus hic seu in hoc
presenti instrumento omnes franquesiæ, libertates, immunitates et privilegia olim, ut supra, con

cessa universitati nobilium de Curthedone seu
nobilibus quibuscunque et cuilibet nobili singulariter dicti loci hic enunciaret et non per dictum
Petrum quibus supra se quia causa brevitatis ser-
monis ad generalem clausulam sic dicto domino
Curthedonis fieri requisitæ accessum fuit, numera-
tione et specificatione libertatum quarumcunque
franquesiarum, immunitatum et privilegiorum
derelicta penitus et seu omissa in hoc instrumento
seu contracta presenti. Volens idem dominus Cur.
thedonis, ex pacto expresso, stipulatione solempni
vallato et sacramento infra ab eo prestito firmato,
concedens per se et heredes et successores suos, ut
supra, quam supranominatæ personæ gaudeant ex
tunc in antea et fruantur dictis franquesiis, libertatibus, immunitatibus et privilegiis quibuscunque quibus gaudent et fruuntur et frui et gaudere
possunt seu debent illi nobiles seu illæ personæ
quibus datio et concessio facta est in speciali vel
generali seu ut supra.

Quibus preambulis, incontinenti prefatus dominus Curthedonis ultra libertates, immunitates,
franquesias ac privilegia olim seu supradictas et
concessas, data et concessa dicto Petro quibus supra nominibus et suis, per prefatum dominum Curthedonis, idem dominus Raymundus de Baucio
miles, dominus Curthedonis non circumventus
nec vi, nec dolo, nec aliquo malo ingenio dicti vel
facti, ad infrascripta monitus vel inductus, non
coactus non deceptus, sed sua mera liberalitate,
gratuita ac spontanea voluntate cercioratus, tam de

facto quam de jure, in omnibus et singulis infrascriptis, ut profitebatur, bona fide et sine omni
dolo et fraude et absque omni conditione et excep-
tione juris et facti et expressa per se et per omnes
heredes et successores quoscumque dedit et expresse concessit prefato Petro Ancelini presenti et
solempniter recipienti, suo nomine, proprio et
etiam nomine, vice et utilitate omnium et singulorum aliorum absentium predictorum et personarum predictarum et mihi notario supradicto et
infrascripto, tanquam publicæ personæ solempniter
recipiente nomine absentium predictorum et cujuslibet eorum et per nos eisdem absentibus et
cuilibet eorum singulariter et divisim, libertates
in speciali, immunitates et franquesias ac privilegia infrascriptas et infrascripta.

Primo videlicet quod non accipiet nec sustinebit,
per se vel per alium, recipere a dicto Petro Anselini nec a suis nec a suis familiaribus, negociato-
ribus nec procuratoribus, aliquam leydam nec
aliquod pedagium nec aliquam pensionem de quibus rebus quæ ipse habeat, emat sive vendat vel
sui in terra predicti domini Curthedonis et ipsum
Petrum et suos servabit, salvabit et custodiet ab
omnibus hominibus et personis et bona ipsius Petri
et familiam ipsius. Item promisit dictus dominus Curthedonis et per pactum expressum, stipulatione solempni vallatum et sacramento infra ab eo
prestito firmatum, convenit dicto Petro et mihi
notario supradicto et infrascripto, nominibus quibus supra et pro nomine dictis absentibus, quod

possit mittere bladum et extrahere et aliam mercaturam et tenere sine aliquo dono, munere, pensione, screpitu et figura.

Item quod dictus Petrus possit et sui possint facere instrumenta et deposita et commandas et incantare in terra et per terram predicti domini Curthedonis, prout consuetum est incantare inter Lombardos et alios mercatores

Item promisit idem dominus Curthedonis per se et suos et per pactum expressum, stipulatione vallatum et sacramento infra ab eo prestito firmatum, convenit predicto Petro presente et mihi notario infrascripto et supradicto stipulantibus et recipientibus, nominibus quibus supra et, per nos dictis absentibus quod possit et sui possint frui omnibus et singulis libertatibus nobilium personarum Curthedonis.

Item promisit idem dominus Curthedonis per se et suos et per factum expressum stipulatione vallatum et sacramento infra ab eo prestito scilicet convenit predicto Petro presenti et mihi dicto notario infrascripto stipulantibus et recipientibus, nominibus quibus supra, et per nos dictis absentibus quod dictus Petrus non possit nec debeat nec suiarestari, detineri nec incarcerari, aliquo crimine, per curiam dicti domini Curthedonis seu ejus officiales nec per aliquam personam nisi primitus de crimine esse convictum seu probatum per testes idoneos et honestos.

Item quod non possit dictus Petrus nec sui possint trahi seu conveniri in judicio pro quibuscumque verbis quæ dicat vel sui dicant quibuscumque personis seu personæ.

Item promisit idem dominus Curthedonis per se et suos per factum expressum, stipulatione val·latum et sacramento infra ab eo prestito firmatum, promisit et convenit predicto Petro et mihi dicto notario et infrascripto, stipulantibus nominibus quibus supra et per nos dictis absentibus, quod si contingeret aliquam mulierem esse vel intrare in ejus hospitium, nisi esset mulier bonæ famæ quod pro aliquo clamore per eam facto vel injuria eidem facta non debeat credi nisi publica meretrix.

Item convenit et promisit dictus dominus Curthedonis per se et suos et per pactum expressum, stipulatione vallatum et sacramento predicto Petro presenti et per se, suis quod si contingeret aliqua pignora portari vel poni infra ejus hospitium quod pro furto peti non possint quamvis essent furtiva.

Item convenit et promisit idem dominus Curthe·donis per se et per pactum expressum predicto Petro presenti stipulante et per se, suis, quod si contingeret aliquam personam de hospitio dicti Petri mori qualitercumque, ut prefatus dominus Curhedonis nec sui, nec ejus curia seu officiales se intromittere non debeant de bonis propriis defuncti, ymo bona ipsius veniant illis cui vel quibus pertinerent de jure.

Item convenit et promisit idem dominus Curthe·donis per pactum prefato Petro presenti stipulanti quod scripturæ cartularii proprii dicti Petri credi

debeat usque ad quantitatem quadraginta solidorum.

Item convenit idem dominus Curthedonis per se
et suos, predicto Petro presenti stipulanti quod aliqua probatio contra dictum Petrum nec suos fieri
non possit de aliqua receptione pecuniæ nec alicujus rei, sine causa nisi per testes idoneos vel per
publica instrumenta, et si fieret, quod non facta ha-
beatur nec ullam habeat firmitatem.

Item promisit memoratus dominus Curthedonis
et per pactum expressum convenit dicto Petro
presenti et mihi dicto notario infrascripto stipulantibus et recipientibus, nominibus quibus
supra et per nos dictis absentibus et suis quod dictus Petrus Anselini nec sui cogi nec capi nec incarcerari possit nec possint per dictum dominum
Curthedonis, nec per ejus curiam sive officiales
ipsius pro aliquo nec de aliquo crimine, nec delicto, dum tamen de predicto crimine dare possit sive
possint idoneos et sufficientes fidejussores.

Item convenit dictus dominus Curthedonis per se
et suos et per pactum expressum dicto Petro presenti et mihi dicto notario infrascripto stipulantibus, nominibus quibus supra et per nos, dictis
absentibus quod dictus Petrus possit et sui possint
vendere et alienare pignora eidem obligationi con-
tinenti, transacto uno anno et mense, a die recep-
tionis earumdem sine pena et qualibet alia contradictione.

Item promisit et convenit prefatus dominus Curthedonis et per pactum expressum et sacramento

per se et suos dicto Petro Anselini presenti et mihi dicto notario et infrascripto, stipulantibus nominibus quibus supra, et per nos dictis absentibus quod non faciet nec compellet ipsum nec suos obligare nec fidejussione facere alicui personæ, ullo casu, pro dicto domino Curthedonis nec pro suis.

Item promisit et convenit idem dominus Curthedonis per pactum et per se suos predicto Petro Ancellini quod non faciet remissionem de sua persona alieni domino nec curiæ pro aliquo crimine sive delicto per eum commisso.

Item convenit idem dominus Curthedonis et per pactum expressum et sacramento infra ab eo prestito per se et suos predicto Petro presenti stipulanti, suo proprio nomine et suorum quod si contingeret, quocumque casu interveniente, ipsum Petrum vel suos a dicto castro Curthedonis recedere vel exsire infra tempus inferius expressatum quo stare debet indicto castro Curthedonis quod pignora eidem vel suis obligata possit et sui possint cuicunque personæ vel personis obligare et transferre, dum tamen dictus Petrus vel sui denunciare debeant domino vel dominis cujus vel quorum esset vel essent positum vel posita esset vel essent dictum pignus vel pignora supradicta sine aliqua licentia et sine pena et non aliter ullo modo.

Item promisit dictus dominus Curthedonis per pactum expressum et sacramento per se et suos Petro sepedicto presenti et suis quod dictus Petrus nec sui non possit nec debeat cogi per curiam Curthedonis nec per ejus officiales ad solvendum aliquam comdempnationem nisi dictus dominus presens esset in dicto castro Curtedonis..

Item convenit et promisit sepedictus dominus Curthedonis et per pactum expessum per se et suos et sacramento infra ab eo prestito et firmato dicto Petro presenti et mihi dicto notario infrascripto, stipulantibus nominibus quibus supra et, per nos, dictis absentibus quod predictus Petrus possit et sui possint per se vel per alium seu alios homines et personas predicti castri de Curthedone convenire et trahere in alio vel alienis judicio vel judiciis sine pena quacunque, dum tamen suum processum primitus fecerit et fecerint in predicta curia Curthedonis et in defectu ipsius curiæ, possit et sui possint predicta facere et non ante.

Item convenit et promisit idem dominus Curthedonis et per pactum expressum, stipulatione vallatum et sacramento infra ab eo prestito firmatum predicto Petro Ancelini presenti scilicet quod si contingeret ipsum Petrum invenisse cum aliqua muliere maritata, ut ipse Petrus puniri non possit de illo crimine nec debeat nisi ad quantitatem centum solidorum.

Item promisit et convenit sepedictus dominus C.rthedonis et per pactum expressum stipulatione vallatum et sacramento infra ab eo prestito per se et suos predicto Petro Anselini presenti scilicet quod nulla puella sive virgo mulier clamare non se possit de aliqua injuria sibi facta sive factis de dicto Petro Ancelini, domino Curthedonis.nec suæ curiæ sive suis officialibus, nisi ipsa mulier inju-

riam sibi factam denunciaverit primitus domino
vel curiæ sive suis officialibus infra tres dies proximos, a die commissionis criminis vel delicti facti
sive dati, alioquin dicta mulier minime audiatur
nec dictus Petrus in aliquo possit nec debeat puniri per curiam supradictam domini Curthedonis.

Hanc autem donationem et concessionem franquesiarum, libertatum, immunitatum ac privilegiorum predictorum et predictorum valere voluit
et durare et vim habere idem dominus Curthedonis per se et suos a festo Omnium Sanctorum pro-
ximo venturo in sex annis proximis venturis sive
proximos venturos continuos et completos duntaxat et non ultra nisi tunc tempus de dandis et
concedendis ipse dominus Curthedonis vel sui cum
dicto Petro Anselini noviter convenirent; quas et
quæ promisit idem dominus Curthedonis per se et
suos per pactum expressum non revocare nec fran-
gere nec in aliquo annullare, aliqua occasione, ratione seu causa excogitato vel excogitanda ut omnia universa et singula supradicta et infrascripta
dictus dominus Curthedonis per se et suos teneat,
attentat, compleat et observet et contra, nullo unquam tempore veniat, per se vel per aliquam interpositam personam, de jure vel de facto, bona fide,
per stipulationem sub bonorum suorum obligatione presentium et futurorum promisit et super
sancta Dei Evangelia gratis juravit; et renunciavit
idem dominus Curthedonis per se et suos, ex pacto
expresso, solempni stipulatione vallato et ex sua
certa scientia, omni jure canonico et civili, divino

et humano incluso in corpore juris vel non et jure municipali per pactum expressum et per pactum omni usui, consuetudini et statuto facto et faciendo et omni privilegio et rescripto impetrato et impetrando et omni alio juri et rationi per pactum expressum penitus in hoc facto.

Et dictus Petrus Ancelini promisit et per factum expressum, stipulatione solempni vallatum convenit prefato domino Curthedonis presenti ac pro se et suis solempniter stipulanti et recipienti fidelis et legalis esse perpetuo eidem domino Curthedonis et successoribus suis comoda et honora ipsius et suorum tractando et contraria evitando, pro posse suo, et generaliter omnia et singula alia facere et servare quæ in capitulis fidelitatis plurimis continetur seu ea ad quæ tenetur quilibet homo fidelis domino suo; promittens insuper dictus Petrus per se et suos per pactum expressum, stipulatione solempni vallatum et sacramento infra ab eo prestito firmatum, prefato domino Curthedonis presenti solemniter stipulanti et recipienti per se et suis dare, solvere et servire eidem domino Curthedonis et suis, in festo omnium sanctorum, annuatim decem florenos auri puri et fini de Florensia, justi ponderis atque legis per tempus sex annorum predictorum. Ut autem omnia universa et singula supradicta dictus Petrus Anselini per se et suos teneat, attendat, compleat et observet et contra, ullo unquam tempore veniat per se vel per aliquam interpositam personam, de jure vel facto, bona fide, per stipulationem sub honorum suorum obligatione presentium et futurorum promisit dictus dominus Curthedonis presenti ac pro se et suis solempniter stipulanti et recipienti et super sancta Dei Evangelia gratis, manu tacta, juravit et renunciavit, ex sua certa scientia et ex facto expresso, stipulatione vallato solempni, omni juri canonico et civili scripto et non scripto divino et humano incluso in corpore juris vel non incluso et per factum omni usui et statuto et consuetudini facto et faciendo et omni privilegio et omni alii juri et rationi per factum expressum penitus in hoc facto per quod vel contra predictam promissionem et obligationem seu contra aliqua de eisdem venire posset vel sui quicumque seu in aliquo se defendere vel juvare.

De quibus omnibus universis et singulis supradictis tam dictus Petrus Anselini quam dictus dominus Curthedonis petierunt sibi fiere publicum instrumentum et publica instrumenta per me dictum notarium et infrascriptum.

Acta fuerunt hæc Curthedone in fortalicio dicti castri in curte.

(Original: Archives de Vaucluse, E, *Notaires de Courthézon. Minutes de Raymond Augier,* 1327 f⁰ 1).

IV

Confirmation de la Charte de Courthézon par Raymond de Baux

(10 Décembre 1365).

In nomine Domini nostri Jhesu. Amen.

Anno Incarnationis ejusdem millesimo tricentesimo sexagesimo quinto et die decima mensis Decembris, illustrissimo et potenti viro domino, domino Raymundo de Baucio, Dei gratia Auraycæ principe existente, omnibus universis et singulis modernis pariter et futuris, seriem hujus presentis publici instrumenti visuris, lecturis, audituris seu etiam inspecturis pateat evidenter et sit manifestum quod existentes et personaliter constituti in presentia Illustris Domini nostri principis supradicti meique notarii infrascripti et testium subscriptorum videlicet Matheus Montisdraconis, Hugonis Michael et Symon Giraudi sindici et procuratores, ut dixerunt, universitatis Curthedonis prout de eorum potestate constare asseruerunt publicis scriptis inde confectis, et exhibuerunt atque presentaverunt ipsi illustri domino nostro Principi quoddam publicum instrumentum scriptum et signatum, ut in eo legitur manu et signo magistri Guirani de Aquis, auctoritate imperiali et civitatis Avinionis notarii publici, libertates, franquesias et immunitates castri Curthedonis in se continentes. Cujus quidem instrumenti tenor hic insertus :

(Suit la Charte de 1302).

Quod instrumentum prenominati sindici et procuratores petierunt legi et publicari per me notarium infrascriptum et ipso lecto et publicato petierunt et requisiverunt dictum domidum nostrum
Principem ut libertates, immunitates et franquesias et omnia alia universa et singula in dicto instrumento contenta eis firmaret prout predecessores ipsius domini principis confirmaverunt et juxta
tenorem et continentiam instrumenti predicti quia
requisitionem sic per dictos sindicos et procuratores facta, dictus dominus noster princeps ipsam
requisitionem benigne audivit et, audito tenore
ipsius instrumenti et earum libertatum prefatus
dominus noster princeps non errans in jure nec
in facto, non cohactus in aliquo nec deceptus,
sed gratis et ex sua certa scientia, per se et suos
heredes et successores, in posterum quoscumque,
predictas libertates, franquesias, immunitates et
omnia et singula in dicto instrumento contenta
laudavit, approbavit et etiam confirmavit et in signum laudationis hujus modi promisit et convenit dictus dominus noster princeps dictis sindicis et procuratoribus presentibus et pro se et
nomine et vice universitatis Curthedonis et singulorum personarum ejusdem, stipulantibus solempniter et recipientibus et ad cauteelam michi
notario infrascripto ut communi et publicæ personæ stipulanti sollempniter et recipienti, nomine
et vice universitatis Curthedonis et singularum
personarum ejusdem, dictas libertates, franquesias et immunitates tenere et observare et te-

nere et observare facere et non contrafacere, dicere seu venire de jure vel de facto, perse vel per aliam interpositam vel subrogatam personam, jure aliquo seu aliqua ratione quæ dici seu excogitari possit per aliquem in futurum prout et quemadmodum illustrissimus et potens vir dominus Bertrandus de Baucio, bonæ memoriæ quondam principis Auraycæ proavus dicti domini nostri principis ipsas libertates amparare promisit. Et ita predicta omnia universa et singula et in hoc presenti publico instrumento contenta vera esse ita sic attendere, tenere, servare, complere et inviolabiliter perpetuo observare et numquam contrafacere, dicere seu venire, de jure vel de facto, per se vel per aliquam interpositam vel subrogatam personam, bona fide per stipulationem validam et solempnem et sub obligatione et ypotheca expressa omnium bonorum suorum mobilium et immobilium presentium et futurorum, dictus dominus noster princeps promisit et super sancta Dei Evangelia, ab ipso grato corporaliter tacta, juravit cum et sub omnis juris et facti cujuslibet renunciatione ad hæc necessaria utili debita pariter et cauthela. De quibus omnibus et singulis supradictis et in hoc presenti publico instrumento contentis, dictio sindici nominibus eorum propriis et nomine et vice universitatis Curthedonis petierunt eis fieri publicum instrumentum per me notarium infrascriptum.

Acta et publicata fuerunt hæc, Curthedone, in plano castri Curthedonis. Testibus presentibus ad premissa evocatis nobilibus viris domino Petro Guillelmi et Raymundo de Sancto Martino militibus, domino Martino de Feudo, jurisperito, Jacobo de Anceduna et Guilhelmo de Væsco, domicello, magistro Antonio Dousimo et magistro Antonio Dousimo et magistro Raymundi Audoardi notario et me Johanne Bartholomeo de Achogiis, Vivariensis diocesis, habitatore Curthedonis, dicti locis et imperali auctoritate notario publico qui premissis omnibus et singulis, una cum prenominatis testibus presens fui et de hiis notam recepi, de qua nota hoc instrumentum publicum aliis occupatus negotiis, per fidelem substitutum et juratum meum extrahi, scribi et grossari feci et in hanc formam publicam redigi in tribus petiis pergameni cum in una non possent interesse propter pluritatem verborum invictis cum corrigiis pergameni super quibus et earum qualibet unum apposui signum meum consuetum. Quarum petiarum pergameni prima incipit, in secunda sui linea : *Domino* et finit : *In eadem* PATEAT ; secunda vero petia incipit in quarta sui linea : *Ratione* et finit in eodem : *Mobilibus* ; et presens petia incipit in tercia sui linea : *Libras* et finit in eadem : *Viri.* Et facta diligenti collatione eum nota et instrumento hic me subscripsi et signo meo consueto signavi in testimonium premissorum.

(Origine. Arch. de Vaucluse. Fonds de la Principauté d'Orange.)

V

Règlement sur la boucherie et la poissonnerie de Courthézon.

(Vers 1380.)

Segun so los capitols tocans l'emolumen del mazel de Cortheson.

Et primieyrament, an ordenat los sindicz et conselhès del dit luoc que touta carn de buou ou de moton ou de porc que se vendra al dit mazel, per los mazeliers ou autras personas, habitans ou foresties, sian tengutz e deian vendre a pes de libvra, sensa la penna del ceu et sensa los IIII bues del mot eu sont del buou, lo quals so deian vendre a laysine et sensa pes, per los quals IIII bues los relevam del dich pes de XXX l. per razon dels dich bues de buou et de vaca.

Item mays ordenan coma dessus los sobredicz que la carn del dic buou ou de vaca que si vendra al dich masel se deia vendre la libra VI d. sobre laquel et cascuna d'aquelas la vila aoura et levara 1 d. per libra.

Item ordenan coma dessus, que tota carn de moton que se vendra al dich masel se vendra et deia vendre la libra d'aquel a rason de VIII d. en losquals e delz quals la vila penra e levara 1 d. per libra.

Item ordenan coma dessus los sudicz que tota carn de porc ou de true ya que si vendra al dic masel et deia vendre, sensa la testa et las squinas, si

las levan ou las fazian, lasquals ensis non deian
ni puescan vendre al pes se vendra sinon a laysine.
L'autra dicha carn si deia vendre a rason de VIII
d. la libra, en laqual e cascuna d'aquelas, la vila
penra et levara 1 d. per libra.

Item ordenan coma dessus que tota carn d'anhel,
vedel, cabrit que se vendra al dic masel, se vendra e deia vendre a laysine et taxa.

Item mays ordenan los susdicz que per cascun
vedel ou vedela que si ausira et si vendra al· dic
masel per los diez maseliés ou autres, sian tengutz
et deian pagar, per cascun d'aquels de ung an en
sot, entendent que sias de l'intrar del mes de Mars
entro a san Miquel e de sant Miquel en ung an, IIII
gros; et daqui en sus se deia vendre al pes coma
dessus es dich de buou et de vacca.

Item plus ordenan que per quascun anhel et cabrit
que si ausira et si vendra al dic masel, sian tengutz
et deian pagar per pessa, per quascun d'aquels X
deniers.

Item plus ordenan los susdicz que per quascun
porc senglar ou trueya senglarissa que si ausira
ou si vendra al dic masel per los dicz maseliers ou
autras personas del dich luoc ou habitans, en lur
nom ou d'autre privat ou forestier, sian tengutz et
deian pagar per pessa, per quascun d'aquels, tres
gros et per quascun sers ou servia deian pagar 1
gros XII deniers e per quascun cabrol ou cabriola
deian pagar XII deniers.

Item plus ordenan que per quascuna cabra feda
menor que si ausira et si vendra al dich masel se

deia vendre al pes a rason dé **VI** deniers per libra, en lasquals la vila pendra I deniers per libra.

Item mays ordenan que tota persona que ausira buou ou vacca per sa provision á son hostal pague per pessa de quascun d'aquels, **VI** gros. E si cas era que vengunt d'aquelas morissa per vesche ou per lops ou autrement per semblabla aventura que non pague ni deia, pagar ren an sian francs de pagar l'emolumen mas que coste legitimamen.

Item mays ordenan que tota persona que ausira moton, feda, cabra, menon per sa provision pagie, per pessa de cascuna d'aquelas, **XII** deners.

Item mays ordenan que tota persona que ausira anhel ou cabrit per sa provisio, pague, per cascun d'aquels, **VI** deners.

Item plus ordenan los susdicz que tota persona que ausira porc ou trueya per sa provision ou per son mangar pague per cascun d'aquels, I gros **XII** deniers et per cascun porc ou trueya que ausira per salar et revendre pague **III** gros.

Item plus ordenam que tota persona que sia compresa per los capitols sobredicz tocans los maseliers en los quals non ha pena expressada, fazent lo contengut en aquels ou de ungs d'aquels, encorre la pena de **XV** sols.

Segun si los capitols tocans l'emolument del carnage que si aussira ou si vendra foras del mazel.

Et premieyrament ordenan los susdicz que tot noyriguier del dich luoc ou de son destrech que noyrira buous, vacas ou vedels o lur vaquiers que vendran ou anoaran de foras lo dich luoc et de son

destrech per vendre, que sian de lur marca et es-
cossura, sian tengutz et deian pagar, per quascun
buou, II gros, per quascuna vacca, II gros, per cascun vedel de lach de ung an en sot, 1 gros XII deners et per cascum porc senglar ou senglaressa,
osers servia, cabrol ou cabrio la pres al dich des
trech pagaran coma dessus es expressat et al cas
que hom non ho denunciarian, deian encorre la
pena per buou de XI sols, per vacca, XXX sols,
per vedel, X sols.

Item plus ordenan que tot noyriguier del dich
loch ou de son destrech que noyrira fedas, motons,
ánhel, cabras que sian lurs ou de lurs pastres ou
de lur senhal ou escousira pagan e sian tengutz
de pagar, per cascun moton que si vendra e si me-
nara foras de la dita vila ou destrech per vendre,
XV deners et per cascuna feda, IX deners, per
cascun cabrit et anhel, VI deners. Et al cas que hom
non ho denunciara encourai la pena per moto,
XV sols, per feda, X sols, per cabrit et anhel, V sols.

Segun se los capitols tocans l'emolument de la
peyssonaria del dich luoc.

Et primieyrament an ordenat los susdicz que tot
peyssonier portant et vendent peysson per si ou per
autre privat ou stranh en lo dic luoc sian tengutz,
de pagar per quintal 1 gros XII deners.

Item mays ordenant que tota persona que
pescara en las aygas del dich luoc ou de son destrech pague, per gros, 1 deners et si an vendia de
foras, tant.

Item plus ordenan que touta persona que vendra

peysson fresq per si ou per autre privat ou forestier pague coma dessus es expressat, so es assaber,
per gros, 1 denier de ung quartayro de quintal en
sot.

(*Origine: Archives de Vaucluse*, E, *Notai-*
res. Minutes du notaire de Courthézon
Raybaud Merlet, 1422-1435, fᵒ 114 *et* 115).

VI

(1381).

Sequitur quarentenum capitulorum ordinatorum
et indicatorum in loco Curthedonis, Avinionensis
diocesis et etiam post dictum quarentenum capitulorum soqueti seu impositionis vini ad fortificationem dicti loci fiendam per nobiles reverendum
Ascanone, Bertrandum de Tarascone, Anthonium
Radulphi, Rostagnum Guiberti sindicum dicti loci,
Petrum Espinæ, Anthonium Autrani deputatos et
ordinatos ad dictos quarentenum et soquetum or-
dinandos per universitatem Curthedonis tam nobilium quam proborum dicti loci, in parlamento
publico, ut constat quadam nota, per me notarium
recepta.

I. — Et primo duos denarios pro libra dare tenetur loco quarenteni et pro quarenteno quecun-
que persona christiana vel judayca et habitantes
ibidem de hiis pannis quos vendet ubicunque ea
vendat per se vel per alium, vel si eas extraheret de
dicto loco, causa mercandi. Tamen non intelligitur
de extraneis.

II. — Item duos denarios debet quicunque speciarius vel apothecarius aut alius vendens speciaria vel apothecaria, de Curthedone vel habitator ibidem, pro qualibet libra quæ vendiderit, ubicunque ea vendat per se vel per alium vel si ea vel eas extraheret de dicto loco causa mercandi.

III. — Item tres denarios solvere tenetur quicunque bladerius vel quicunque alius de Curthedone vel habitantes ibidem pro qualibet saumata cujuscunque bladi seu leguminis quod vendetur ad eminatam et ultra aut farinæ quæ vendetur, quod bladum, legumen, sive farina sit emptum vel empta pro vendendo et id vel eam vendat. Et si forenses emerunt in dicto loco blada, legumina seu farinam et ibidem revenderent, modo simili solvere teneatur et revenditores solvere teneantur tres denarios pro qualibet saumata.

IV. — Item duos denarios quilibet vendens sal in Curthedone, sit privatus vel forensis, undecumque sit, dare teneatur loco quarenteni et pro quarenteno, pro qualibet emina salis quam vendiderit homo Curthedonis vel habitantes ibidem vel extraheret a dicto loco, causa mercandi, necnon tres denarios pro quolibet quintali ferri quod vendet. Item tres denarios dare debet pro quolibet duodena postium emptorum pro vendendo, quod vendet homo Curthedonis vel habitantes ibidem. Item tres denarios pro quolibet quintali canapis ubicunque eas, eas vel ea vendiderit infra locum Curthedonis et ejus districtus vel si hujusmodi ferrum, postes, aut canapum extraheret de dicto loco, causa mercandi.

V. — Item tres denarios solvere tenetur quicumque sartor de Curthedone et habitator ibidem pro quolibet gippono et jaqueto et duos denarios pro quolibet garnimento parvo vel magno. Item unum denarium solvere tenetur quicumque sartor faciens caligas et capucia pro quolibet pari caligarum et pro quolibet capucis et quarentenum lucri illorum et illarum et quæ faciunt botonos.

VI. — Item unum obolum solvere tenetur quicunque sabaterius aut alius vendens sotulares, patinos et stivalia, privatus vel forensis pro quolibet pari sotularium et patinorum quod et quæ vendet, ubicunque ea vendat vel si eos vel ea extraheret de dicto loco, causa mercandi. Item quodlibet par stivalium quod vendetur, computetur pro quatuor sotularium.

VII. — Item septem denarios cum obolo dare debet quicumque vendens aut revendens cepum operatum vel non operatum pro quolibet quintali quod vendetur seu revendetur ubicunque homo Curthedonis vel habitantes ibidem vel si id extraheret de dicto loco, causa mercandi, exceptis tamen de cepis animalium quæ occident in macello nisi aliquod cepum revenderetur per eas.

VIII. — Item quadragesimum panem solvere tenetur quicumque pistor vel manganeria de hiis panibus quos vendet aut revendet necnon quilibet forensis qui portabit panem ad vendendum in Curthedone, dare tenetur de quadraginta panibus quos vendet, unum panum.

IX. — Item quarentenum forneriorum et postitorum quod solvere debent de eorum salariis et

pane et etiam quarentenum cujuscumque comodi
per eos faciendi.

X. — Item tres obolos quilibet hostalerius solvere
tenetur, pro quolibet animali sellam portante quod
hospitabit, et pro aliis animalibus, pro quolibet
animali quod hospitabit, tres pictas.

XI. — Item quarentenum lucri barbitonsorum
quod faciunt eorum officium exercendo ubicunque.

XII. — Item quarentenum lucri corrateriorum
ubicunque lucrentur et quod nullus sit ausus dictum officium exercere nisi juraverit in manibus
curiæ.

XIII. — Item tres denarios solvere debet pro libra quicunque pelherius aut aliquis alius de omnibus vestibus, frodiis et utensilibus quas et quæ
vendet et revendet ad inquantum vel sine etiam
vel quicumque qui vendat vestes novas emptas pro
vendendo et venduntur ubicunque etiam vasa vi-
naria vendendo in quaranteno fusteriorum solvent
quarentenum.

XIV. — Item tres solidos cum dimidio, solvere
tenetur quicunque macellarius de Curthedone vel
habitator ibidem, pro quolibet bove vel vaca quem
vel quam occidet pro vendendo, et duos solidos pro
quolibet vitulo quem occidet pro vendendo. Et pro
quolibet porco qui occidetur per quemcunque, pro
reservando pro vendendo etiam quindecim denarios. Item novem denarios pro quolibet mutone,
ove, et capra et quatuor denarios pro quolibet agno
et edo qui et quæ occidentur pro vendendo.

XV. — Quarentenum fabrorum, marescallium et serralheriorum quorumcunque, scilicet duos denarios pro libra qualibet de hiis quæ operabuntur in eorum operatoriis seu alibi excercendo officium eorumdem et de hiis quæ habebunt marescalli de curis animalium ubicunque ea vendent et operabuntur vel se ea extraherent de dicto loco, causa mercandi.

XVI. — Quarentenum ortolariorum hominum Curthedonis et aliorum habitantium ibidem, scilicet ortolalhe et fructuum ortorum cujuscumque generis et aliorum qui et quæ ementur de ortis territorii Curthedonis, vel si eos et ea extraherent de dicto loco, causa mercandi, exceptis illis quæ pro usu suo haberet duntaxat.

XVII. — Item quarentenum lucri molendinarium Curthedonis vel habitantium ibidem ubicumque teneant molendina.

XVIII. — Item quarentenum broqueriorum qui faciunt broquos, barralos, pozatores cornutas et alias aysinas fusteas, scilicet duos denarios pro libra de hiis quæ operabuntur et vendent vel si ea extraheret de dicto loco pro vendendo.

XIX. — Item quarentenum amigdalarum et nucium quas quilibet habebit, hoc anno, de suis arboribus et septem denarios cum obolo solvere tenetur quilibet vendens amigdala pessata pro qualibet carga amigdalorum et duos denarios pro qualibet saumata amigdalorum integrarum et nucum emptarum pro vendendo, vel si eam extraheret de dicto loco.

XX. — Item duos denarios pro libra tenetur quilibet vendens mel, ceram, grezam et verdetum,
vel si eam extraheret de dicto loco, causa mercandi.

XXI. — Item solvere tenetur quicumque vendens ollas in Curthedone pro qualibet saumata
allarum et aliorum vasorum terreorum, VI denarios vel si eas extraheret de dicto loco, causa mercandi; non tamen intelligitur de extraneis nisi hiis
quæ vendiderint in Curthedone.

XXII. — Item quarentenum triperiorum qui
vendunt tripas crudas vel coctas, lavatas vel paratas
solvere tenetur pro quolibet ventre bovis vel vitu-
li, duos denarios et pro quolibet ventre ovis, ca-
præ, yrcæ menonis aut mutonis, unum denarium.
Et pro quolibet ventre agniobolum; non tamen
intelligitur de macellariis nisi de illis qui emerent
pro revendendo.

XXIII. Item quarantenum fusteriorum, roderio-
rum et illorum qui faciunt aratra et etiam venditorum botarum et quorumlibet vasorum vinario-
rum, serriarum, banastanorum, circulorum, furca-
rum, rastellorum, scilicet duos denarios pro libra
de hiis quæ vendent, ubicumque ea vendant, necnon quarentenum lucri formalium aut pretii fusteriorum ubicunque lucrentur.

XXIV. — Item quarentenum lucri peyreriorum
tapiatorum et quorumcumque logaderiorum et
etiam jornalium et pretii facti ipsorum ubicumque lucrentur et quod fraus in premissis fieri non
debeat.

XXV. — Quarentenum revenditorum fructuum, carnium salsarum quæ venduntur minutatim, olei in grosso vel in minuto, leguminis ad pondus, et aliorum quoruncumque quæ revendentur prout est consuetum, scilicet duos denarios pro libra de hiis quæ vendent et revendent hujusmodi revenditores Curthedonis vel habitantes vel si ea extraherent de dicto loco, causa mercandi.

XXVI. — Quarentenum lucri bascaysorum et aliorum logaderiorum ubicumque lucrentur.

XXVII. — Quarentenum lucri distributorum vini et mundatorum bladi in Curthedone undecumque sint.

XXVIII. — Quarentenum lucri textorum et textatricum.

XXIX. — Item septem denarios cum obolo solvere tenetur pro libra quicumque de Curthedone vel habitantes ibidem de omnibus peccuniis quas prestat aut deponit sub colore aut nomine usuræ vel alterius turpis lucri et etiam de omnibus hiis quæ ante tempus maturitatis emunt, videlicet ante primam diem junii blada nova, cujuscumque generis sint, et ante medium augustum, vinum novum et cetera alia quæ ante tempus maturitatis emunt.

XXX. — Item quarentenum natorum agnorum, edorum, vitulorum, suzarum sive troyarum et aliorum animalium quadrupedum et quarentenum caseorum, ordinantes quod nutriens solvere teneatur, pro quolibet vitulo, III. solidos et pro quolibet polino, XII denarios

21

XXXI. —Quarentenum perceptionis venditorum
reddituum et quarentenum lucri emptorum reddituum ubicumque sint redditus, de quibus tamen
redditibus quarentenum non solvatur quo ad emp-
tores.

XXXII. — Item duos denarios pro libra solvere
tenetur quicumque vendens in grosso vel aliter
telas lineas ubicumque eas vendat, vel si eas extraheret de dicto loco, causa mercandi.

XXXII. — Item picta datur pro quolibet pecia
camisiarium et femoraliarium tam parvorum quam
magnorun per illos qui eos et eas faciunt seu fieri
faciunt pro vendendo necnon quarentenum lucri
illorum qui faciunt ipsas vel ipsa.

XXXIII. — Item quarentenum lucri seu loca-
tionis quadrigarum et animalium cum cella et
basto aratorum et animalium calcantium, ubicumque lucrentur.

XXXIV. — Quarentenum illorum qui faciunt
clareyam, nectare, collendas et nogatum, scilicet
duos denarios pro libra de hiis quæ vendet.

XXXV. — Quarentenum pretii lignorum quæ
venduntur scisa et non scisa et etiam quarentenum
lucri quod facit quicumque emptor, si ea revende-
ret.

XXXVI. — Quarentenum feni vel duos solidos,
pro qualibet sethoyrata pratorum bis segantium et
duodecim denarios pro qualibet sethyorata aliorum pratorum semel segantium et sex denarios
pro qualibet sethoyrata pratorum duntaxat in et
de palude Curthedonis,de pratis vero alterius territorii solvatur ut de blado alterius territorii.

XXXVII. — Quarentenum omnium et singulorum bladorum vivorum et leguminum cujuscumque generis sint dare tenetur quicumque de Curthedone seu habitantium ibidem ex agricultura et
laboris eorum quæ habeat in territorio Curthedonis,
seu alio territorio apud Curthedonem ducentes,
exceptis illis de Causanis et de Jonqueriis quæ
solvant de hiis quæ apud Curthedonem adducent
pro salvando modum quarenteni, quod quidem
quarentenum bladorum et leguminum recipi debeat in areis dum fueriut calcata et mundata, soluta prius decima et de tratta vicesima parte ipsorum bladorum et leguminum mundatorum pro
calcaturis seu scossuris. Et quarentenum vivorum,
recipi debeat Curthedone in racenis portatis ibidem
solutis partibus quas faciunt vivere et decima solita ibidem vel quatuor denariorum pro quolibet
saumata racenorum tam plani quam grezii. ad electionem emptoris quarenteni, sub tali condilione
quod dictus emptor qui ipsum emerit, eligat, prima
die Augusti, et eo casu quod non eligerit quod
non possit exigere nisi dumtaxat quatuor denarios
pro saumata, ut superius est declaratum. Et si
aliquis habeat bladum, racenios vel legumen in
alio territorio circumvicino preter quam in territorio Curthedonis ubi pro bladis, raceniis seu leguminibus hujusmodi solveret vintenum seu aliud,
loco vinteni aut talhiam seu impositionem quæcumque talis de Curthedone vel habitantes Curthedonem, de blado, racenis et leguminibus quæ habebit, ut premittitur, in alio loco seu territorio

preterquam in territorio Curthedonis ubi solveret ut premissum est, vintenum seu impositionem non teneatur solvere nisi dumtaxat medium quarente-num in Curthedone emptori qui emet quarente-num. Forenses vero de hiis quæ habebant de prédictis in territorio Curthedonis et talis persona non habeat hospitium sive census infra territorium Curthedonis solvat et solvere teneatur de bladis, racenis et leguminibus hujusmodi in Curthedone, medium quarentenum.

XXXVIII. — Item quarentenum granarum, coliandri, senegreti, ceparum et porrorum ni areis percipiendorum et linorum et canapum in ortis percipiendorum una cum quarenteno linorum et canapum in garbis seu manatis percipiendis.

XXXIX. — Quarentenum ronsinorum, mulorum, equorum, asinorum, bouum, vacarum, vitulorum, ovium, agnorum, caprarum, yrcorum, edorum, porcorum et aliorum animalium quadrupedum vivorum hominum Curthedonis et habitantium ibidem, scilicet: duos denarios pro libra de hiis animalibus quæ vendent, ubicumque ea vendant, vel si ea extraherent de dicto loco, causa mercandi vendendi.

XL. — Item duos denarios pro libra quos solvere debet quicumque de Curthedone vel habitantes ibidem vendens lanas ubicumque eas vendat, vel si eas extraheret de dicto loco, causa mercandi.

XLI. — Item quarentenum censuum et servitiorum et loqueriorium hospitiorum recipiendo ipsum quarentenum per solutiones et terminos quibus domini loqueriorum censum et servitiorum ea recipiuntur. Et si sit aliquis forensis qui habeat census et servitia infra territorium et juridictionem Curthedonis solvat et solvere teneatur duntaxat medietatem quarenteni.

XLII. — Item duodecim denarios solvere teneatur quicumque peysonerius, undecumque sit, vendens pisces in Curthedone pro quolibet banastono piscium recensium vel salsorum quæ vendet et pro quolibet tono, decem otto denarios et etiam quarentenum de omnibus piscatoribus dicti loci Curthedonis vel habitantium qui accipiant vel vendant, non intelligitur de extraneis.

XLIII. — Quarentenum olei quod habet quicumque de Curthedone infra territorium Curthedonis de eorum viridariis et quarentenum ruffi in areis dividendum ut de bladis portatum ad villam, partem quarentenerii.

XLIV. — Item quarentenum lucri seu salarii mercenarium, cujuscumque generis sint seu conditionis, de Curthedone et habitantium vel habentium domicilium in dicto loco.

XLV. — Item quarentenum domini prioris Curthedonis de ejus censibus seu servitiis et partibus et non ultra.

XLVI. — Item quarentenum de patrimonio presbiterorum de hiis omnibus quæ habent et possident infra locum Curthedonis et ejus territorium. Intelligitur de illis qui sunt dicti loci Curthedonis vel habitantibus in dicto loco et non alias nec ultra.

XLVII. — Item quod dominus Curthedonis non teneatur contribuere in isto quarenteno vel tamen quod emptor quarenteni non possit exigere aliquid universitati nec dominæ dicti loci nec ponere debatum seu questionem, sed et prout alias extitit venditum et recuperatum in loco Curthedonis, tempore quo extitit venditum Giraudo Monerii habitatore Avenionis.

Suivent les dispositions relatives au souquet.
(Origine : Archives de Vaucluse E., M. de Marcel de Haya, 1381, n° 214 et 229.)

VII

Confirmation par Louis de Chalons, prince d'Orange de la Charte de Courthézon et hommage des habitants.

(13 juin 1419).

In Christi nomine. Amen, et ejusdem incarnationis anno millesimo quadringentesimo decimonono et die decima tertia mensis Junii, illustri, magnifico et potenti domino, domino Ludovico de Cabilione, Deigratia Auraycæ principe. comiteque Gebennensi ac de Arlato domino existente.

Noverint universi et singuli presentes pariterque futuri hoc presens verum et publicum instrumentum visuri, lecturi, audituri seu etiam inspecturi quod existentes et personnaliter constituti, coram illustri et magnifico viro domino Ludovico de Cabelione, Dei gratia Aurayce principe, comiteque Gebennensi ac domino de Arlato, nobiles et providi viri Bertrandus de Tharascone, Hugo de Cassano,

Georgius de Tharascone, Johannes Raynerii, Jaus-
solinus Jaussolini, nominibus ipsorum ipsis ac
omnium et singulorum aliorum nobilium dicti
loci sibi adherentium et adherere volentium, necnon discreti viri magister Marcellus de Haya, notarius, Jacobus Spinæ, Petrus Trapaudi et Petrus
Albi, sindici et procuratores universitatis proborum et plebeyorum hominum dicti loci Curthedonis, necnon universitas tam nobilium quam proborum hominum dicti loci, aut saltem plus quam tres
partes seu tres quartos universitatis ejusdem, ipse,
inquam, dominus princeps in testium meique notarii publici subscriptorum, ad hæc specialiter vo-
catorum et rogatorum presentia, requisivit preno-
minatos nobiles et sindicos universitatis predictæ
ac totam universitatem predictam, seu omnes
personas universitatis ejusdem, ibidem astantes,
quatenus eidem domino principi, tanquam novo
domino Curthedonis predicti ac filio et heredi
universali bonæ memorii illustris et potentis dominæ Mariæ de Baucio, Dei gratia principissæ
Auraycæ, proxime defunctæ et subsequenter illustris et magnifici Domini Johannis de Cabilione,
Dei gratia principis Auraycæ ac domini de Arlato
postea defuncti, veluti ipsi nobiles et sindici universitatis predictæ ac tota universitas seu omnes personæ universitatis ejusdem tenentur et facere debent, faciant et prestent homagium et fidelitatem
et juramentum, quum ipse tanquam dominus pa-
ratus est facere quod debebit cum capitulis et
prout tenentur et in talibus facere consueverunt

tam dicto domino bonæ memoriæ patri suo, quam
suis in dicto loco predecessoribus juramento fidelitatis et homagii novo et veteri contentis et expressatis.

Qui quidem nobiles ac sindici superius nominati,
audita requisitione dicti domini principis, genibus flexis, cum ea qua decet reverentia et honore,
prefato domino Principi dixerunt tam suis propriis quam universitatis et singularium personarum ejusdem tam presentium quam etiam absentium quod primo et ante omnia ipse dominus
princeps tenetur et debet jurare et, bona fide, promittere de observando et custodiendo inviolabiliter
et de non frangendo nec violando libertates, franquesias, immunitates, privilegia et statuta ac consuetudines scriptas ipsius loci Curthedonis tam
nobilium quam etiam plebeyorum, veluti bonæ
memoriæ dominus princeps ejus pater in adhemp-
tione possessionum hujus loci, tanquam novus dominus promisit et juravit, de quibus quidem
libertatibus, franquesiis et immunitatibus et quo-
modo idem dominus princeps et quicumque novus
dominus jurare tenetur et qualiter dictus dominus
princeps ejus quondam pater juravit eidem domino
principi fidem fecerunt et legitim eundum infor-
marunt quod publica instrumenta ibidem exhibita
et ostensa quæ legi et publicari petierunt eidem
domino principi pro informatione conscientiæ
suæ per me notarium publicum subscriptum et
quod antequam ipse dominus princeps, ut premittitur juraverit, ipsi nobiles ac sindici nec

quicumque alii de universitate jamdicta non tenentur neque debent eidem domino principi prestare nec facere homagium, fidelitatem nec juramentum.

Quapropter ipsi nobiles et sindici ac omnes personæ universitatis jamdictæ, humiliter et suppli-
citer requisiverunt eumdem dominum principem
eidem humiliter supplicando quatenus ipse dominus princeps primo juret et faciat quod facere tenetur et prout superius postulatum seu enarratum,
in instrumentis predictis cavetur quum postea ipsi
nobiles et sindici ac singulares personæ universitatis predictæ parati sunt facere quod facere debe-
bunt et tenebuntur. Quibus auditis per eumdem
dominum principem et legitime informatus, de
tenore libertatum predictarum ac de modo jurá-
tionis libertatum factæ per bonæ memoriæ Johannem de Cabilione, principem Auraycæ, dominum
patrem suum ac de omnibus et singulis supra contentis ex tenoribus instrumentorum, de quibus
superius mentio habetur, et ibidem incontinenti,
absque aliquo intervallo in testium meique notarii
publici subscriptorum, ad hec specialiter vocato-
rum et rogatorum, presentia et audientia ac in
presentia et audientia ac ad requisitiouem dictorum nobilium et sindicorum et totius universitatis
loci Curthedonis seu majoris partis ejusdem ibidem convocatæ et congregatæ, ad vocem tubæ et
preconis, scilicet Ludovici Andreæ servientis et
preconis loci predicti, prout idem serviens michi
notario subscripto retulit, attendens et considerans

dictus dominus princeps quod juste petentibus
non est denegandus assensus et ex ejus certa scientia et spontanea voluntate et absque omni conditione et exeptione juris vel facti, tacita vel expressa, per se et suos heredes et in posterum successores quoscunque prenominatis nobilibus et sindicis et toti universitati loci Curthedonis ibidem presentibus stipulantibus solenniter et recipientibus vice et nomine omnium et singulorum quorum interest, intererit aut interesse poterit quomodolibet de presenti vel in futurum convenit et per pactum expressum solemni et valida stipulatione vallatum et juramento infrascripto firmatum et roboratum, promisit dictus dominus princeps servare, salvare, attendere, tenere, complere et adimplere omnes et quascunque libertates, immunitates, franquesias, statuta et consuetudines scriptas et non scriptas universitatis jamdictæ Curthedonis tam nobilium quam innobilium et singularium personarum ejusdem et prout et quemadmodum bonæ memoriæ dominus Johannes de Cabilione ejus pater alias promisit et juravit et easdem libertates, immunitates, franquesias, statuta et consuetudines non violare nec infringere per se nec per alium vel alios, de jure nec de facto et omnia alia facere et observare quæ quilibet verus dominus ligiis erga suos homines ligios facere et observare tenetur et ita attendere, tenere, servare, complere, firmiterque et inviolabiliter perpetuo observare contraque in aliquo non facere, dicere vel venire per se nec per aliam interpositam personam vel subrogatam per-

sonam, per stipulationem validam et solemnem prefatus dominus princeps per se et suos, ut supra, prenominatis nobilibus et siudicis ac toti universitati predictæ presentibus stipulantibus et recipientibus, ut supra, ac etiam absentibus et ad cauthelam michi notario publico subscripto ut communi et publicæ personæ stipulanti et recipienti vice, nominibus et ad opus absentium ac omnium et singulorum, quorum interest et interesse poterit in futurum, bona fide promisit et, super matutinas, tactis scripturis sanctis Dei juravit; sub cujus juramenti virtute renunciavit idem dominus princeps penitus in premissis et quolibet premissorum juris et facti ignorantiæ et omni actioni et exeptioni doli, mali et in factum, actioni et conditioni sive causa ob causam et ob injustam vel turpem causam et per pactum petitioni et oblationi libelli et simplicis posessionis seu demandæ et transcripto hujus veri et publici instrumenti et ejus notæ per modum actorum vel alias quomodocumque et omni lite, contestationi et juramento calumpniæ et omni probationi et dilationi decem vel viginta dierum et quatuor mensium feriisque, messium et vindemiarum ceterisque feriis, induciis et dilationibus quibuscunque et demum generaliter omni alii juri canonico et civili, divino et humano, scripto et non scriptô, novo et veteri promulgato et promulgando, omnibusque aliis auxiliis, remediis et privilegiis papalibus, regiis et imperialibus impetratis et de novo impetrandis quo seu quibus conra premissa vel premissorum aliqua venire posset aut se in aliquo juvare, deffendere seu tueri et maxime juridicenti generalem renunciationem non valere nisi precesserit specialis.

Quibus itaque omnibus universis et singulis per dictum dominum principem actis, promissis et juratis prenominati magister Marcellus de Haya, Petrus Trapaudi, Jacobus Spine et Petrus Albi sindiici et procuratores universitatis predictæ et singularum personarum ejusdem nominibus quibus supra, ibidem et incontinenti omnes simul et eorum quilibet per se et in solidum tam nominibus suis propriis quam totius universitatis proborum et plebeyorum hominum Curthedonis et singularum personarum ejusdem, non cohacti, non seducti nec in aliquo malo ingenio dicti vel facti circumventi seu inducti, sed gratis, bona fide et ex eorum et cujuslibet ipsorum in solidum, certa scientia libera et spontanea voluntate per se et suos heredes et in posterum successores quoscunque, ac per totam universitatem et singulares personas ejusdem confessi sunt et in veritate palam et publice recognoverunt illustri, magnifico et potenti domino Ludovico de Cabilione, Dei gratia principi Auraycæ comitique Gebennensi ac domino de Arlato existente ibidem presenti stipulanti solemniter et recipienti pro se et suis heredibus et in posterum successoribus quibuscunque se boni et fideles homines esse et velle esse homines ligios dicti domini principis et suorum heredum et in posterum successorum quorumcumque, ipsumque dominum principem et suos salvare, servare, cus todire et tuneri pro posse et viribus suis contra quascumque personas hujusmodi comodumque honorem, utilitatem ipsius domini principis et suorum facere inutilia et dampnosa ac dedecus ejusdem domini principis et suorum ac officiariorum suorum modis omnibus quibus poterint et tenentur et quilibet eorum poterit et tenetur evitare et omnes protectiones personales et reales, rationes quascumque consuetas et debitas prestare in loco Curthedonis pacificè et quietè et cum effectu

Promittentes insuper dicti sindici et procuratores universitatis predictæ et quilibet eorum in solidum per se et suos heredes ac in posterum successores quoscumque, super sancta Dei evangelia, manibus suis propriis dextris sponte corporaliter tacta in manibus dicti principis domini Curthedonis valere et juvare dictum dominum principem et suos contra omnes et quascumque personas et homines de placito et de guerra et inviolabiliter observare omnia universa capitula et cetera alia quæ in nova et veteri forma fidelitatis sacramento et homagii ligii continentur, et quæ contineri possint de jure quoquomodo citra prejudicium et derogationem libertatum suarum ipsius universitatis et singularum personarum ejusdem quibus per aliqua quæ dicant seu faciant seu alter ipsorum faciat seu dicat prejudicare seu derogare aliqualiter non intendit. De quibus fuerant solemniter protestati incolumen, tutum, honestum, utile, facile, possibile, lectum, intellectum et interpellatione verborum predictorum et in predictis omnibus et

22

singulis supradictis auxilium, consilium et juvamen dicto domino principi et suis heredibus et successoribus quibuscumque prestare promiserunt, flexis genibus et manibus injunctis positis inter manus dicti domini principis ibidem presentis, stipulantis solemniter et recipientis per se et suis heredibus et successoribus quibuscumque, osculando dictum dominum principem, homagium ligium cum fidelitatis sacramento fecerunt atque prestaverunt.

Promittentes etiam dicti sindici, procuratores universitatis dictæ et quilibet eorum in solidum per se et suos hæredes et in posterum successores quoscumque, omnia universa et singula supradicta attendere, complere et inviolabiliter observare et simile homagium et fidelitatis sacramentum facere et prestare in qualibet mutatione domini seu vassalli seu alias quandocumque et quatenuscunque per dictum dominum principem vel suos aut ejus certo mandato fuerint requisiti, seu alter eorum fuerit requisitus.

Et promiserunt facere fieri similiter per omnes homines dictæ universitatis et singulares personas ejusdem. Quodquidem homagium et fidelitatis sacramentum supra per dictos sindicos et procuratores et eorum quemlibet factum et prestitum, idem dominus princeps recepit et promisit prefatis sindicis et procuratoribus dictæ universitatis et eorum cuilibet in solidum ibidem presentibus stipulantibus solemniter et recipientibus quibuscumque ac dictis sindicis et procuratoribus et ad cauthelam michi notario publico suprescripto ut communi

personæ stipulantibus vice, nominibus et ad opus
dictæ universitatis Curthedonis et singularum personarum ejusdem et per eosdem sindicos et procuratores et me ipsum notarium eidem universitati
et singularibus personis ejusdem ipsos sindicos et
procuratores et eorum quemlibet in solidum et
suos salvare, tueri, custodire et deffendere prout
bonæ memoriæ dominus princeps ejus pater, fa-
ciebat, tenetur obtinere manu, tenere et deffendere
in omnibus bonis, usibus et consuetudinibus, libertatibus et franquesiis quibuscunque ad hunc
presentem diem bonæ memoriæ dominus princeps
ejus pater et predecessores ejusdem homines et
personas loci Curthedonis quos et quæ tenere con-
suevit; quas quidem libertates et franquesias quas
habent homines et incolæ de Curthedone idem
dominus princeps prefatis sindicis et procuratoribus universitatis predictæ et eorum cuilibet in
solidum presentibus pro se et suis heredibus, ac in
posterum successorum quibuscumque de novo, dedit et concessit et ipsis libertatibus et franquesiis
ipsos sindicos et procuratores et eorum quemlibet
et suos abinde in antea uti voluit et gaudere sicut
homines et personæ aut incolæ predicti loci Curthedonis utuntur et gaudere temporibus retroactis
consueverunt.

De quibus omnibus universis et singulis supradictis dicti nobiles et sindici, nominibus quibus
supra, petierunt et requisiverunt sibi fieri unum et
plura, publicum et publica instrumentum et instrumenta tot quot habere voluerint et dictus domi-

nus princeps Auraycæ sibi et eis fieri voluit et
concessit quod et quæ possit et possint dictari, effici
corrigi, meliorari et emendari semel et pluries, producto in judicio vel non producto una clausula vel
plures, addendo vel diminuendo ad dictamen et
consilium cujuslibet sapientis, facti tamen princi-
palis substantia non mutata, per me notarium publicum subscriptum dicta et recitata fuerunt hæc
Curthedone in hospitio dotali dicti Bertrandi Gau-
fredi militis, gubernatoris principatus Auraycæ,
videlicet in bassa curte sive celesii, presentibus
testibus nobilibus et honorabilibus ac potentibus
viris dominis Hugone de Albespino, milite, domino de Albespino, domino Guillelhmo de Saulne
licentiatus in legibus, consiliario dicti domini principis, nobili domino Bertrando Gaufridi, milite
gubernatore principatus Auraycæ, domino Pontio
Bertrandi, presbytero commoranti in monte Sancti
Andree, et pluribus aliis ad premissa vocatis specialiter et rogatis.

*(Origin: Archiv. de Vaucluse. E. Notaires.
Minutes du notaire Raybaud Merlet
1398-1419 f° 83.)*